優渥<sup>叢書</sup>

股市小白の第一本

# 技術分析教科書

## 我用趨勢交易法,三年賺到 2,000 萬!

郭浩◎著

# $ CONTENTS

## Part 1 | 股市小白的你想賺波段，得先懂…… 010

## Part 2 | 股價底部盤整很痛苦嗎？3 招教你在「關鍵點」大賺一波！ 032

# 推薦序
# 一技在手，
# 勝過家財萬貫！

飆股教主／陳弘

如果有人問我，這個世界上最好的賺錢機會是什麼？

我會回答：「是股市。」為什麼呢？因為它是一個不缺乏買家與賣家的環境，如果你是賣家，不用為了尋找客戶而汲汲營營；如果你是買家，也不用擔心買不到想要的東西。

但是，話說回來，既然是市場，就有人賺錢有人賠錢，當中的關鍵在於你有沒有具備正確辨識價格與價值的能力。這個能力可以是由基本面的觀點做判斷、也可以是從技術面與籌碼面的分析來做判斷。這些都有許多人在使用，當然也都沒有對錯，在於個人習慣用哪個方法而已。

那麼對我來說，操作股市就只有三個重點：

**一是選股，選擇股性好的股票，就是隱藏的獲利的契機。**
**二是趨勢，中長線有潛力的股票，就是長線保護短線的格局。**
**三是轉折，掌握了起漲的第一時間，就是搭上了主力的順風車。**

然而，市面上的書非常多，但是能夠讓初學者快速建立系統觀念的並不多。而這本《股市小白の第一本技術分析教科書》，就是一本不可多得好書，它有架構、有技法、有案例，都非常實用。讀者如能加以熟悉活用，假以時日，必定能夠達到在股市中取財有道，財富自由。

# 只要看懂趨勢變化，
# 你也能成為獲利的贏家

郭浩

本書根據股價實際運動形勢，把趨勢分為三個階段，並在拐點處找到未來方向改變的原因。據此，投資人可以找到一條通往財務自由的道路。

那麼，股票操作的依據是什麼呢？答案是趨勢。因為誘使投資人做出交易決定的，是未來可能到達預期獲利的價格，儘管現在它只能被稱作是一種假象。所以，有必要清楚在什麼環境和形勢下出擊，更能提高獲利。

投資大師們最終選擇了利用技術圖形來幫助完成交易，被人所稱道的是，在趨勢轉折過程中演變的圖形形態和成交量的變化，給操盤手們留下的提示，也正是因為有了這個提示，才有了買賣點的精確判斷。

單從炒股水準來說，技術大同小異，**一個簡單的技術指標也會有無數種用法，這並不奇怪。重要的是能夠讀懂價格背後的真實故事**，如果你有這樣的眼力，那麼你就有可能成為一名穩定、持續獲利的贏家。

分析股價運動形勢時，你需要掌握兩點，即支撐和突破。支撐是股價向下回落時在某個支點內出現的平衡。這種平衡被打破後就會重新尋找平衡，因此趨勢運行方向是唯一研判標準。突破一般指的是股價雖然處在整理階段，但場內交易氣氛活躍，絕大多數人認為具備上漲潛力。這時，一旦買盤量迅速增加，突破便「油然而生」。

股票交易是個細心活，粗心又懶惰的人；企圖一夜暴富、不願付出就想要成果的人；天天賣進賣出的人，都不可能在股票交易中取勝。

因此，請按照以下的順序由淺入深地學習：趨勢研判→形態分析→技術確認→圖表注解→案例解析→倉位佈局。這是一個完整的操作循環，相信跟著循序操作，對讀者的投資路都會有實質上的幫助。

Part **1**

# 股市小白的你想賺波段，
# 得先懂⋯⋯

本書以此章做為開頭，説明股票走勢
分為下降、橫盤、上升 3 個階段。這 3 個
階段循環往復，各自有不同的操作策略。

第 1 堂課

# 為何散戶會追高殺低呢？
# 因為你不懂……

　　投資人首先需要明白一件事情，那就是股價趨勢方向的變動問題。在日常操作中，人們為了追逐獲利而忽略對趨勢的追蹤和研判，這勢必使獲得投資回報增加了難度。股票操作的核心在於對未來趨勢的掌握，如果研判方向正確，那麼獲利的機會就自然會增多；如果研判方向錯誤，那麼即便有再多的資金也很難成功。

　　事實證明，當你對大盤有了較為準確的判斷時，在個股操作上就是水到渠成；反之，逆勢操作的結果便是徒勞無功！所以，必須明白「形」與「勢」兩者之間的關係。

　　那麼，「形」在分析中指的是什麼？是指股票市場的形勢和環境如何、有沒有可操作的機會。「勢」在分析中指的是什麼？是指個股或指數有沒有形成上升勢頭，如果僅處在震倉整理中，那借勢取利的機會就並不多，也就是不符合投資條件。

## 1.1.1　股價漲跌有一定的運行方向

　　股價趨勢中，下降、整理、上升屬於不可違逆的自然輪迴。時隔幾年總會經歷一次股民所認為的牛市和熊市，也許是服務實體經濟的緣故，也許是市場本身應有的規律，對此，至今還沒有一個準確的說法。

　　雖然有研究者努力收集相關資料，但也未能找到邏輯推理背後的真正原因。不過，「遵從價格運動規律，在趨勢轉折處找到買賣點」，倒是一個極

簡單，又能解決實際炒股難題的辦法。

在華爾街有這樣一種說法：「好的方法永遠都是既簡單又普通，而繁雜的東西一定是留給研究者的，絕不會是留給交易者的。因為，實盤交易中決定成敗的就在一瞬間。」的確，當趨勢發生變化時，一個短暫的猶豫就會滿盤皆輸。

回顧 2015 年 6 月 15 日至 2016 年年初的一段歷史（後續章節將會詳細講解），駭人聽聞的股災讓多少投資大師倉皇失措。假如當時能夠聽從市場旨意，在頂部訊號出現後果斷離場，就能避免一場災難。因此如果你還不能識別頂部訊號，那麼學習和掌握以下炒股技能就是必要的。

## 1. 下降趨勢

理論上沒有人願意參與下降趨勢中的交易，或許你正在追隨中，那也不是心甘情願的。一旦虧損發生，總想在回本後賣出，這是人性的弱點。然而市場好像並不買帳：無論你的經歷多麼不幸，它總是按照趨勢軌跡運行，並經歷一個漫長的週期後，才會重新進入軌道。

主觀交易時，不應參與處於下降趨勢中的股票，若不幸誤入其中，則逢高出場是上策。要明白，在這樣的形勢下操作股票猶如泥牛入海，根本換不回任何有價值的東西，事實也是如此。因此當股價進入下降軌道後，所能做的就是停止交易，個體力量已經無法逆轉，離場是最明智的選擇。

但現實與理想總有差距，交易路上的人們似乎更願意把時間浪費在下降市場中，難道這只能是虧損後的選擇嗎？當然不是，我們應學習用全新的思維去觀測價格的波動，並從中找到運行規律，該放棄時果斷出場、該入場時勇敢參與。

那麼，價格真實運動規律的奧秘在哪裡呢？我們用圖 1-1 的南鋼股份走勢來回答這個問題。如圖所示，下降趨勢在 (1)(2)(3) 頂部訊號發出以後就正式進入下降趨勢。原因是：(1) 點為股價運行的高點；(2) 點為股價回檔後的低點；(3) 點為股價回檔後的反彈高點，技術上將其稱作是回升後的次高點。這種形態下，從高點到次高點連線就會形成一條下降趨勢線，也是未來股價最理想的反彈高度。

　　圖 1-1 中，A、B、C、D、E、F、G 點是下降趨勢運行中的階段性低點和高點。可以看出，該股在圖中所顯示的時間內較為弱勢，不斷向更低一級別走去。這時很難實行有價值的操作，入場後的勝算機率相對較小，若不能及時離場，就會出現被動持股。

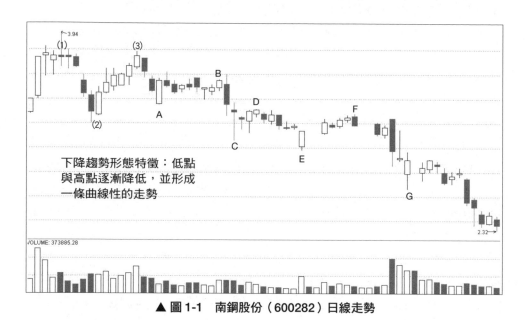

▲ 圖 1-1　南鋼股份（600282）日線走勢

　　如上圖所示，下降趨勢中，低點與高點逐漸降低，並在運行過程中形成一條曲線性的運動時，操作成功的機率很小。

　　建議不要有試圖改變趨勢運行的想法，因為成功的機率與風險相比是九牛一毛。根據圖表分析，南鋼股份在(1)(2)(3)點出現後構成了一個完整的頂部特徵，將高點(1)和(3)用直線連接，就會非常清楚地看到價格運行方向。因此，在股價沒有真正突破這條直線前，相關操作都應該是謹慎的，除非它能進入股價運行的第二階段（橫向運動），否則股價大幅上升的可能性就會極小。

## 2. 橫盤趨勢

　　下降後的整理走勢，其執行時間通常和下跌速度快慢有直接關係。比如：下降速度快，套牢盤就很嚴重；反之，下降速度慢，套牢盤就容易被稀釋。實盤交易證實，比起價值支撐，股價更易受到供求關係影響。橫盤趨勢的主要特徵就是未來運行方向不夠明確，多數投資人會選擇在反彈時離場。因此，股票價格通常會在某個區域內上下擺動，形成一個類似箱體形狀的走勢。

　　實踐證明，延順趨勢運行方向交易，永遠是最正確的選擇。**橫向運動是個必須經歷的過程，是下降和上升趨勢的銜接點，沒有它，趨勢將無法持續**。如圖 1-2 所示，中航機電（002013）先是有 A、B、C 三點完成頂部，之後進入下降模式，若在此期間操作，對交易者的操盤能力要求非常高，而且參與也不一定就會獲利。

　　一般箱體低點判斷，是以價格走勢形成的低點為標準，次低點不再創新低時，就可以初步確認下降趨勢結束，新的走勢將會產生，未來有一段時間是以橫向運動的方式進行整理。那麼，這是什麼原因呢？

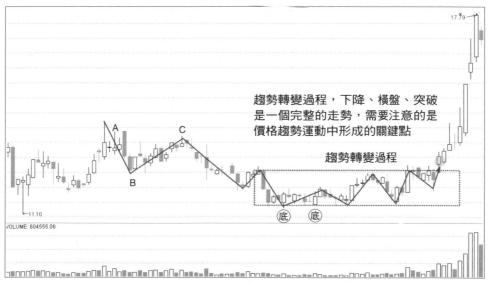

▲ 圖 1-2　中航機電（002013）日線走勢

　　股價呈下降趨勢運行時，懂技術的投資人是不會去參與的，極少對已經出現虧損的股票進行補倉。只有似懂非懂或根本不懂操作的投資人，才會在下跌時候買入和補倉，以此攤低持倉成本。結果事與願違，增持之後不僅沒有獲利，反而會擴大虧損，情急之下難免不被情緒綁架。

　　所以，從主力運作思維角度考慮，震倉的目的不外乎就是用相對低的價格，把散戶手中的籌碼買回來，常用的手段有拉高、大手筆賣盤。這時，若散戶堅持持股，後勢多數會維持窄幅震盪走勢；若散戶賣出，股價通常都會快速下跌後拉升，以此形式反覆震盪幾次，就會在底部收集到大量籌碼。

　　橫向盤整是連接下降和上升趨勢的紐帶，不經歷盤整的走勢是不完整的。在底部震倉是多空籌碼轉手的過程，次低點不再創新低時，就是橫向趨勢的開始，直到向上突破整理期間高點才會結束。

　　此趨勢下，投資人要事先對股價做出如下判斷。

　　(1) 當前走勢的活躍程度：參與度高，說明看漲意願強烈；參與度低，說明交投清淡，即便後期會有漲幅，短期內也會維持現狀。

　　(2) 震倉期間形成的技術形態：構築底部時間和形態空間決定後勢漲幅，具體底部形態將在後文中講解。

　　(3) 市場環境：一般走勢中強勢股漲幅遠超於其他同類個股，特徵是先於指數上漲。

　　經由上述三點可以對趨勢有個初步的瞭解，即便出現回檔也不會因為短暫的波動而害怕。

　　壞的走勢過去，好的走勢就會到來！下降趨勢無論持續時間多久，最終還是要結束的。同理，橫盤走勢無論持續的時間多久，最終還是會結束的。一般情況下，當股價止跌進入橫盤趨勢以後，離期望的上漲行情就不遠了。

　　在價格進入橫盤趨勢以後，我們需要做好兩件事情。

　　(1) 細心觀察盤面走勢：築底期間形成的技術圖形有雙底、多重底、底部三角形和頭肩底形態幾種。

　　(2) 利用技術形態研判的目的，是要提前發現主力的意圖，並在形態完成時介入。而且，突破後的上升第一、第二和第三目標位的預測，也以此作為依據，具體說明請見後文。

### 3. 上升趨勢

這是所有投資人最希望看到的走勢，也是積累財富的最佳時期。一般情況下，橫盤整理趨勢結束，股價向上突破平台高點，便會開啟上升模式。這時，無論回檔與否都不會改變趨勢的運行。

或許，未來走勢中會以緩慢上升、階梯上漲和快速拉升等形式進行，但不會輕易改變已經形成的上升趨勢，因此，逢低介入或增持是主要策略。

上升趨勢形成後，不需要使用太多技術手段，只要在上升趨勢方向運行中買入持股，就極可能賺取獲利，這是市場給予的機會。這時場內交投氣氛良好，總是出現一種供不應求的現象。有這樣一句話：「上升趨勢中什麼價位買入股票都是對的」，也就是說上升趨勢中即便追高，等待幾日股價還會創出新高，不必擔心出現虧損，這就是趨勢的力量。

要特別注意的是，上升初期主力機構會使用反覆試盤、震倉等避免股價過快上漲的操盤手法。這時要堅持一條準則：趨勢已經形成，任何個體力量都無法逆轉，只有順從才是最好的選擇，主力也一樣。

所以，順延趨勢交易，其間的短暫回檔只是一種技術上的修復，一般至前期高點或 1/2 處就會重返升勢。例如，圖 1-3 中樓霞建設（600533）的股價突破整理平台高點發出上升訊號，隨後，在成交量的配合下推動價格持續走高，但這還只是上升初期，漲幅都不會太大，一般有 30% 漲幅就很了不起了。

上升趨勢中，股價上漲動能衰竭後開始向下回檔，至前一波上升幅度 1/2 處止跌並重返升勢。技術分析把這種走勢稱為強勢回檔，寓意股價後期創出新高的可能性很大，因此，此處介入應該是安全的。

**上升趨勢中，股價向上突破整理平台高點並站穩，表示震倉結束，新的上升走勢即將開始。**底部構築的圖形形態和震幅空間，將成為預測未來股價上升幅度的重要依據。

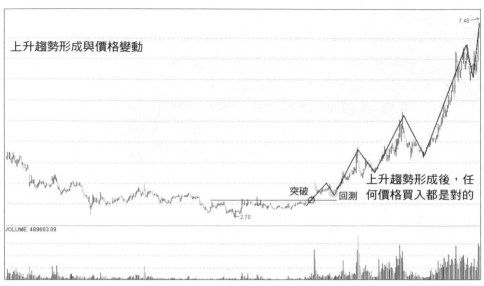

▲ 圖 1-3　棲霞建設（600533）日線走勢

## 4. 趨勢構成與分析

　　趨勢運動由下降、橫盤、上升走勢中，相互連接、相互影響並持續推進。其間雖然會遇到一些阻力，但投資人僅憑震倉後的蛛絲馬跡，就可以找到端倪。

　　依據趨勢分析的研判標準，股價運動會經歷以下三個階段。

　　(1) 短期趨勢：持續時間一般在 15 天以內。這時的操作思路在行業內被定義是日常波段的投機行為，不具有投資的本意。

　　(2) 中期趨勢：持續時間一般在 3 週以上、6 個月以內。這在趨勢分析中被定義是中線投資和波段交易，既不參與短線價差的博弈，也不受長期投資理念的約束，而是以股市實情進行穩健操作的一種行為。到目前為止，這是最理想的交易策略。

　　(3) 長期趨勢：持續時間都在 1 年以上。這在業內被定義是基本牛市和熊市，普通投資人很難做到，而且，需由業績很好的上市公司所支撐，才有可能完成，所以到目前為止還沒有被大眾投資人接受。

　　因此，就圖 1-3 的該股而言，趨勢分析的結果是，股價突破整理平台高點時，底部形態構築完成，進入上升走勢後就可以對未來價格執行時間做出判斷，持續時間超過 2 週，就可以確認中期趨勢形成。

## 1.1.2　股價高低點有一定的運行規律

　　要盡可能地發現股價運行規律，伺機抓住機會。雖然我們不具有改變趨勢運行方向的能力，但有在股價拐點出現時的伏擊技巧，無論形態如何演繹，操作中都能輕鬆應對。股價運行的 3 大趨勢在方向改變時，會發出特殊訊號，而在此之前都是觀察和參與的過程，或是日常波段，或是中期操作，都要在趨勢的指引下進行。

### 1. 下降趨勢中產生的高點與低點

　　高點依次降低，是上升動能衰竭的訊號，交易者必須提高警覺，同時採取減倉行動。根據實盤交易的經驗，股價出現一波主升浪拉升之後，無論是從趨勢緩衝角度考慮，還是構築頂部形態，置身其中的風險都很大。因為下一時間你無法確認它後期一定還會上漲，所以，退離場外觀察是明智的選擇。

　　這是避免虧損的最好辦法，因為在虧損非常嚴重的情況下，再賺回本金的機率微乎其微。市場是公平的，克制內心的貪婪與禁止不實際的幻想，是除了專業水準以外非常重要的素養。

　　至於如何掌握股價運行的規律呢？用一條簡單的直線，把高點和次高點連接，就可以在從圖表上看到現在和未來走勢。如圖 1-4 所示，用直線連接各階段高點（高點依次下移），直線的趨勢表明未來股價運行的方向。技術研判會出現三種結果：股價沿 X 軸線緩慢下移；在軌道內上下拉動並形成 N 字形下跌；跌破前期低點後，重新尋找支撐。

　　**下降趨勢運動的基本的特徵為：股價沿兩個高點（高點與次高點）連接的直線方向運行；其間若跌破前期低點將重新尋找支撐，而此時，也是快速下跌的開始。**

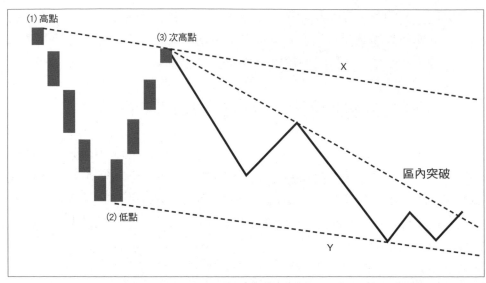

▲ 圖1-4　下降趨勢成立及動能轉換

　　下降趨勢中，由兩個高點連線形成一條向下的直線，並對未來股價具有壓力作用，其關鍵點就在於次高點低於高點，呈明顯的下降走勢。此時，操作上就應該轉向空頭一方，逢高出場將是最好的交易手段。

　　其次，是在軌道內形成的小型折返，如圖 1-4 中出現的底部三角形，次低點未創新低，股價開始緩慢向上移動並突破下降趨勢線。此時，若上漲力道強勁，則 X 軸壓力線會成為後期的反彈高點。這時，操作的空間就在突破與壓力價差之內。

## 2. 橫盤趨勢中產生的高點與低點

　　技術研判原趨勢結束，新的趨勢就會誕生。不過在經歷一段下降趨勢以後，為了能夠營造一個很好的未來，進行底部震倉是一個必不可少的動作，這時的趨勢就是橫盤。那麼，橫盤走勢是怎樣產生的？還有沒有另一種可能，股價下跌結束後就直接上漲？答案是肯定的。

　　在技術形態研究中，有一種不常出現的形態稱為「V 型反轉」。該形態一般是在股價加速下跌之後形成的，前一高點是快速下降的起點，其與低

點、反彈高點形成一個 V 字形的圖形。中長時間區間內，該走勢以區間震盪的方式進行，形狀類似箱體，在規定的範圍內上下運行。

如圖 1-5 所示，下降趨勢結束，新的整理走勢出現，股價向上突破下降趨勢線並完成回測，就是最好的證明。注意，該形態的關鍵點，是突破下降趨勢線的第一個高點與前高點形成的平行線，以及和反彈時的低點構成一個平行軌道（圖 1-5 中的 (1)(2)(3)），折射出的直線對未來股價，具有壓力和支撐作用。

因此，實盤交易中應該選擇波幅空間較大（強勢股）的個股參與，更有利於價差的掌握。空間大操作起來就容易，空間小操作難度就大。特別是在市場處於強弱轉換階段，強勢股開始提前回檔，而弱勢股又趴在那裡不動，所以，這個時候空間大就會發揮它的作用。

那麼，如何理解整理走勢？股價長期下降，投資人悉數套牢，信心縱然受到打擊，所以，扭轉乾坤的辦法，就是利用震倉的手段，把這攤死水給它攪活。慣用的手法有：突然漲停，佔據漲停板的位置，讓更多投資人關注；提高換手率，把成交法放出來。總之，交投一定要活躍。不過，需要注意的是，橫盤趨勢不會輕易改變，只是主力機構震倉的一種手段。

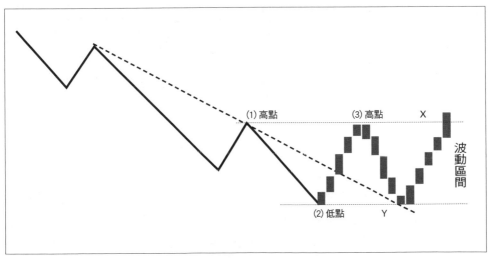

▲ 圖 1-5　橫盤趨勢成立及動能轉換

如圖 1-5 所示，下降趨勢結束，新的橫盤趨勢開始。此時，X 軸與 Y 軸組成平行線，股價將在平行線的軌道內運行，而折射出的兩條直線，對未來股價具有支撐和壓力作用，若不能突破將一直延續。

圖形研判的重點在於精確找到買賣點，而橫向運動走勢的關鍵點，是由前期高點和低點之間形成的平行軌道，低點為支撐，高點為壓力，遇低點可以買入；反之，遇高點不能突破，則即刻賣出。假如市場環境已經發生變化，強勢個股層出不窮，那再進行低買高賣就沒有意義了，應該重點追隨強勢股並堅持持股。

## 3. 上升趨勢中產生的高點與低點

上升趨勢的初期，是由橫向運動轉變而來的，底部期間一定做了充分準備，震倉、吸籌、清籌完成以後，便向上突破整理平台。不可否認的是，股價雖然在朝右上方移動，但大的上漲勢頭還沒有形成。股價沿軌道反覆運行，是白馬股的主要特徵。

在上升趨勢初期，投資人可進行以下操作。

(1) 中短線資金佈局：整理平台突破以後股價正式開啟上升模式，而且趨勢形成就不會輕易結束，這一點是肯定的。那麼，既然可以判定未來股價將朝上漲的方向運行，底部進行中線資金佈局又何嘗不可呢？這是中線投資的較好時機，一個完整的股價走勢循環（下降、橫盤、上升）中只有一次機會，沒有理由錯過它。

(2) 根據股價走勢，利用符合股性特點的分析工具，進行追蹤及掌握買賣點。

如圖 1-6 所示，進入上升趨勢，股價以軌道的形式運動，在 X 軸和 Y 軸之間的波動空間內，低點與高點依次抬高。技術上既是緩慢上升，又是 N 字形形態運動，這種走勢對後期趨勢持續，有推波助瀾的作用。

**股價向上突破整理平台，就會正式開啟上升模式，其間出現的階段性高點和低點都是上升趨勢中的修復，回檔之後重新上漲便是入場機會。**依據分析，股價向上突破整理平台，就會正式開啟上升模式，其間出現的高點和低點都是上升趨勢中的修復，波動範圍一般都會在軌道內有序運行。

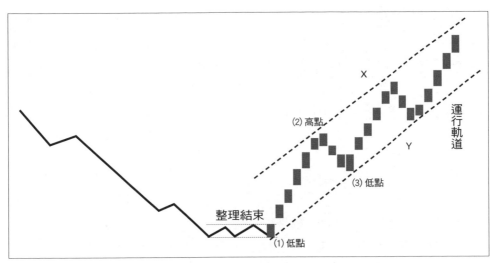

▲ 圖1-6　上升趨勢及動能轉換

　　圖1-6中的(1)(2)(3)點形成的上升軌道折射出的兩條直線，對未來股價聚有支撐和壓力作用。股價向下回測至下軌受到支撐便是新的起點，上升至上軌受到壓力不能突破，便會形成終點。因此，操作的重點是在軌道的波動範圍內進行低買高賣。

第 2 堂課

# 投資首要技巧——順勢操作

順延趨勢運行方向操作是制勝的關鍵，沒有人可以違背這一原則。

那麼，順延趨勢操作的核心技術是什麼呢？這裡可以把思維拓展得寬一點，無論是下降趨勢、橫盤趨勢還是上升趨勢，只要掌握本節的技巧，就能輕鬆應對各種市場環境下的變化。

## 1.2.1　先從辨識股價運行趨勢開始

不管什麼時候，當你有意尋找投資大師拜師學藝時，他們首先告訴你的並不是如何進行交易，而是從如何辨識股價運行趨勢開始，並在其擺動過程中反覆觀察和研究，將每一次的感悟都用筆記下來，然後再論證。

這是為什麼呢？「精通趨勢之法，不死守一方」，即每一種走勢中都有或大或小的機會，若能做到「靈活出擊，則能克敵」。因此，必須無條件接受趨勢的運動軌跡。

如圖 1-7 所示，桐昆股份（601233）在上升走勢中，把操盤行為表現得淋漓盡致，可以說是在整個趨勢運動中使用了各種手段，如果不精通趨勢之法，就很容易在拉升前丟失股票籌碼。

那麼，怎樣提前發現主力意圖？從股價走勢中得知，無論主力採取怎樣的震倉手段，有一點可能肯定，那便是股價的各階段低點在運行過程中依次抬高，雖然整理時間很漫長，但新高點總在前高點之上運行。震倉手法可以影響投資人做出正確判斷，但股價向上移動的真實走勢是騙不了人的。

　　圖1-7中的個股是一支再普通不過的股票，也是從橫盤走勢中轉變過來的，其間經歷了整理、突破和上升。在初期，花費了很長時間收集籌碼，一般投資人很難有這樣的耐心。

　　根據圖中的分析，低位成交量的放大，不完全證明是主力建倉後留下的痕跡，還有一種可能是震倉中散戶內心的釋然，買入後短期內看不到收益就會著急，之後煩躁不安，緊接著就是停損出場。這似乎已經成為一種常態：底部期間總是會經歷一些不如意的事情，但是當震倉結束，就正式進入上升趨勢。

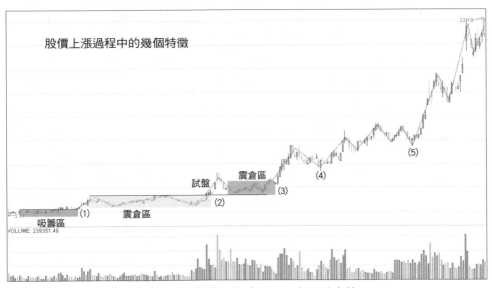

▲ 圖1-7　桐昆股份（601233）日線走勢

### 操作手法解析

　　(1) 低位吸籌：股價運動遵循自然，經歷一波下降趨勢，進入底部整理階段，止跌後在某個區間內上下反覆拉動，是個必不可少的環節。只有當籌碼集中到少部分人手中時，才能在未來上漲中形成一股力量。

　　因此，低位吸籌是看好的表現，在此期間，可以不參與但不能不關注，震倉一旦結束就會向上突破。那麼，判斷低位吸籌的依據是什麼？吸籌一般

在橫盤中進行，這個時期股價在某個區間內進行窄幅運動，看似突破但並未形成力量，短暫上漲後就會繼續向下。不過下跌空間有限，一般不會跌破前期低點。

(2) 突破震倉：突破是整理結束的訊號，預示股價有上漲的潛力，但這不是絕對。突破後是否具備直接上漲的潛力，需要成交量的配合。一般在底部啟動初期，真正拉升會有連續放量大漲的表現，此外，放量漲停的次數較多，如此更能證明上漲信心。反之，若只是上漲，表示上漲動力不強，有繼續整理的可能，所以需要等待新的入場訊號出現才能肯定。

那麼，新的入場訊號會在哪裡出現呢？股價在突破時的高點之上運行，伴隨著成交量逐漸放大，回檔時受到平台高點支撐，這時重新上漲便是訊號。

(3) 故技重演：上升趨勢逐漸形成，其間反覆震盪或形成各種技術整理形態，其目的是製造假象，把未看好中長線上漲的短線客洗出去，以達到控盤的目的。從運作手法上思考，主力不完全是動用所有操作資金，一部分籌碼需要讓市場中投資客（中長線看好者）參與，並在未來走勢中不斷引導新的資金入場。

事實證明，突破後並未直接拉升而是選擇重新震倉，且震倉範圍在前高點之上運行，符合預判。這個時候操作者可以感受到交投的活躍，與底部震倉有明顯的區別，此時無論是賺錢效應還是投機氣氛，都遠遠大於之前的橫盤階段。

(4) 震倉結束：震倉不是最終目的，否則就會失去操作意義。趨勢已經形成，即便是震倉，價格一般也不會跌破上升趨勢線。這是吸引場外資金流入的重要依據。所以，未來的轉捩點將在受到趨勢線支撐時出現。此時，既是新的起點，也是整理的結束點。

(5) 拉升階段：股價正式進入拉升階段，會有一種飛機起飛的感覺，底部不斷增加動能，當拐點出現後就快速上漲，而且是連續性的。股價上漲到一定幅度後，主力機構會選擇賣出獲利籌碼的操作。

這時，投資人應跟隨主力做賣出操作。判斷主力是否賣出籌碼，可以參考兩個指標：一是股價上升動能減弱，進入滯漲階段，技術上成交量與股價

成反比，現象是成交量放大，K線形態呈十字星或帶有長上影線的陽線；二是股價逆市場而行，走勢強於指數。連續拉升後出現上述兩種情況，基本上可以判定主力正在賣出獲利籌碼。

## 1.2.2 再從不同運行階段的特徵抓方向

### 1. 吸籌階段的運行特徵

此階段，股價走勢基本保持平衡，雖有上下波幅運動但空間有限。K線形態常表現出似漲非漲的假象，看似即將突破，買入之後卻又轉而下跌；反之，回檔至支撐位又表現出似跌非跌的假象。持有者害怕下跌，賣出卻又害怕上漲，成為這個階段的主要矛盾。

如果能夠處理好操作事宜，那麼帳面獲利必定會增加：一種是堅持中長線持股信念，待價格快速拉升並在出現賣出訊號後離場；另一種是在震盪區間，用主力操盤思維進行低買高賣並賺取差價。

吸籌階段也會出現大單持續賣出的現象，那麼這種現象出現的原因是什麼？原因是主力不想把更多廉價籌碼落在散戶手裡，意在聚集籌碼，加強控盤便於後期拉升。這時，主力慣用的方法為急速拉高製造上漲假象，吸引其他資金接盤，之後再大單賣出。

### 2. 試盤階段的運行特徵

試盤、吸籌、震倉是個組合，以誘多的形式突破整理平台，遇散戶跟進則將低位吸進的籌碼賣出。部分投資人高位買進的股票，若回檔幅度沒有跌破心理防線，一般不會賣出。

也正是基於這樣的心理，主力為散戶設計了一個「囚籠」，讓股價在某個區域進行窄幅運動。如此一來整理時間稍長一點，散戶自然按捺不住，而反覆震倉後，主力持倉成本在逐漸降低，而在此期間按捺不住的投資人，大多以虧損告終！

### 3. 拉升階段的運行特徵

主力控盤能力未能達到預期，便不會輕易拉高股價。這一點從試盤中就可以看出。若主力在某個區間進行震倉，盤中短暫拉升後出現賣盤籌碼，說明大多數投資人對後期走勢並不看好。如果繼續拉高股價，那就是給散戶抬轎子，主力當然不會這麼做。

反之，若試盤後未出現散戶籌碼大量賣出的現象，那麼在未來拉升中持有者不僅不會賣出，還會繼續增持，這對持續推高股價有百利而無一害。這時，一旦漲勢開始便是非常迅速的，而且幾乎不給散戶太多的買入機會。

### 4. 出貨階段的運行特徵

當市場供求關係發生變化時，股票價格就會由強勢逐步走向衰弱。而此時價格與成交量背離：成交量放大，股價上漲力道減弱；價格上漲，成交量萎縮，這時可以判斷股價到達頂部了。

## 1.2.3　最後你得懂趨勢交易的規則

依照趨勢交易規則將股價運行的每個階段區分開來，不僅可以對當前走勢做出準確判斷，還可以利用形態預測出未來價格的上升空間。本節內容把股票投資最核心的技術，經由去繁化簡的形式展現出來，使投資人可以經由規則來完成交易，具體說明如下。

### 1. 下降趨勢中的操盤規則

頭部形成，股價進入下降趨勢，其間可以利用的操作規則是「雙軌交易戰法」，並在低倉位下執行。這是較為有效的方法，無論是用它來賺取軌道差價，還是狙擊漲停板，都會有很高的成功率，具體內容請見 4.1.5 小節。

### 2. 橫盤走勢中的操盤規則

此時的股價從下降趨勢轉變而來，低位反覆震盪是技術上的需要。這時，股價一般都會以箱體的方向進行上下震動。

　　因此，在這個階段操盤策略中，「箱體技術」將成為主要獲利手段，同時也是賺取整理走勢中價格差價的利器。常見的手法，是在股價回檔至箱體下沿受到支撐上漲時介入，在股價上升至箱體上沿受阻不能突破時出場，直到這種走勢被改變為止。

## 3. 上升趨勢中的操盤規則

　　上升趨勢已經形成，順延趨勢運行的方向操作，是戰勝市場的主要手段，那麼，具體辦法是什麼呢？依照上升趨勢，交易的訊號有兩個：股價向下回檔至前低點，受到支撐上漲時；股價上漲突破回檔高點，預示新的上升空間打開，因此，將作為第二入場點。

## 自我測驗

　　根據本章講解的內容，回答下列問題。

1. 股價的完整走勢包括 3 個階段，分別是什麼？應重點參與哪個階段的走勢才更容易獲利？與利潤相比什麼更重要？

2. 股價運行規律在什麼樣的情況下會發生改變？主力在低位震倉後，股價未來就一定會上漲嗎？

3. 為什麼一直強調順延趨勢運行的方向交易？它的重要程度是否與投資產生矛盾？遵守規則交易，就一定能達到持續穩定獲利的目的嗎？

# 1 分鐘重點複習

- **瞭解**：趨勢運行中的變動情況。比如市場環境、價格運行方向、投資熱情等，為什麼在看似相對低點處買入股票後又出現虧損，問題是出在系統性風險還是非系統性風險上，它們之間有著怎樣的轉換關係。

- **理解**：趨勢對交易的影響。經由學習這一點，讀者可獲得以下幾個問題的答案：違背原則操作時，投資人要付出怎樣的代價？為什麼失敗後還一意孤行？對各種形態特徵的形成視而不見，做出有違常理的決定，難道這只是虧損後的選擇嗎？

- **掌握**：趨勢交易規則。不同階段的走勢中所演變的圖形形態各異，制定規則是為了能夠更好地應對交易中各種走勢變化，無論發生什麼事情，都能做到「心中有數，操作有利」。

NOTE

# Part 2
## 股價底部盤整很痛苦嗎？
## 3招教你在「關鍵點」
## 大賺一波！

股價見頂時，會在價格趨勢和圖形形態上做文章，例如常見的次高點低於高點，或是在成交量和價格之間形成頂部背離，更或者是與某技術指標形成頂部背離。總之，會以各種形式變化來麻痹投資人，從而達到套現的目的。

　　趨勢形成的標準，是價格從原有的走勢中轉變到另一種走勢，在實盤中我們將其稱之為「關鍵點」，即買入點和賣出點。我們可以在股價進入相對低點後，採取手段和技巧來完成底部建倉。通常，收斂三角形形態成立就意味著整理結束，本章會教你在圖形上找到清晰的轉折訊號和關鍵點，確認後便可進行交易。

第 3 堂課

# 迴避風險的 3 種有效方法

　　股價瘋狂上升之後總會經歷回檔。股價大幅上漲時，市場情緒高漲，籌碼在歡呼聲中漸漸到手，後知後覺者無視風險來臨，瘋狂接盤成為這一時期的特點。此時，雖然價格還在向上推進，但力道明顯轉弱，走勢上很難再度凝聚起大的上漲力量，後來者則在高位博弈。對此，首要思考的問題，應該是價格出現滯漲背後的真正原因。

　　假如沒有用確切分析結果來支撐事實，那麼最安全的操作策略就是停止交易。因為你不知道接下來股價將要發生怎樣的變化，那如何應對更是無從談起，為了不讓自己陷入被動，退出場外等待將是最好的選擇。一個成功的交易者不僅在牛市中可以賺得飽飽，在熊市裡也能應對自如。

　　時間是最好的證明。滯漲行情持續時間不會太久，短暫整理之後必會選擇向下。高位滯漲多是多頭出貨行為所致，這時，套現者早已離去，剩下的只不過是一些投機客，即便有拉升，也只是短期波動，很難再次有力上漲。在這種情況下，交易者理應選擇退出相應股票。所以，想有效防止高位被套，需要瞭解股價見頂時的運行結構和形態演變過程，本章會重點講解股價自上而下運行中的操作策略。

## 2.1.1　股價見頂時的特殊訊號

　　股票獲利主要源於價格上漲。然而，上升結束自然也會進入築頂階段，這期間會有什麼特殊訊號呢？交易者需要注意哪些事項？透過現象看本質，才是分析的最高境界！下面用一個數據來驗證股價進入滯漲行情的狀況。

　　例如，初始本金有 100 萬元，而在上升中市值積累到 150 萬元，之後又在這個數值內反覆上下波動，直到平衡被打破下降至 140 萬元，就可以證明風險正在逐漸擴大（本書所有金額皆指人民幣）。

　　也許這個訊號不會引起更多人的注意，但事實證明，這一點又極為關鍵。每當股價見頂時，操盤手們都會經由交易帳戶上的浮盈資金，來判斷短期股價是否已經見頂。如果交易規則沒有問題，那一定是市場出了問題，執行賣出操作才是應該有的行為。

　　帳面獲利縮水的原因，是供求關係的平衡被打破，多頭不能集中力量大量買入股票的背後，是散戶情緒的紊亂。下面經由一張圖來重塑股價見頂及轉折向下運行時的變化。

　　如圖 2-1 所示，此時常見的形態是：價格高點依次降低，中短期趨勢開始朝下降的方向運行，而長期趨勢並未走壞，這是現實交易中最讓投資人矛盾的事情。

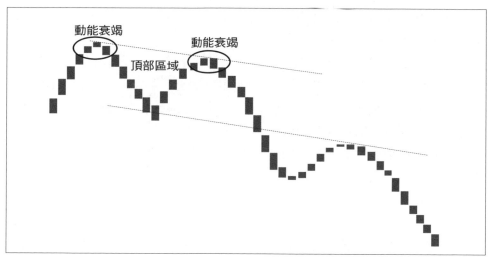

▲ 圖 2-1　市場現象與圖形走勢

　　從交易角度分析，股票價格實際走勢已經向下，繼續持有股票的理由是內心貪念沒有得到滿足。假如正如你預想中的一樣，股價經歷短暫整理之後很快便重回上升軌道，就算當時離開市場，也還有機會再回來不是嗎？

　　如果在達到預期價前，股價就快速下跌，那之前辛苦積累起來的獲利，很有可能在短時間內變成負數。所以，必須理解和掌握以下內容，在操盤技法上練就本領，唯有此才可以讓自己強大起來。

　　股票築頂期間，一般出現高點依次降低走勢，就可以判定是階段性頂部，因為真實走勢已經告訴投資人價格並未創新高。這是趨勢轉弱的訊號，告訴投資人應暫時離場，等待趨勢明朗後再回來。

　　**股價見頂時的表現為，一般在 K 線或是圖形形態上有明顯的滯漲訊號；倘若出現高點依次降低走勢，基本上就可以判定是階段性高點。**

　　股票見頂時 K 線形態上，價格以陰陽交錯 K 線緩慢向上移動；走勢上，出現上漲乏力現象，反映出來的是買盤信心不足，穩健交易者都在觀望，僅有少數投機客還在參與。實盤中，這種平衡一旦被打破就會快速下跌，而且是連續性下跌。所以，為避免遭受巨額虧損，提前離場是明智之舉，需要做出以下判斷。

　　如圖 2-2 所示，中國中車（601766）於 2015 年 10 月和 11 月連續發出三次頂部訊號。首先，K 線形態上會表現出的是放量大漲，之後高位維持震盪但未創新高。顯然，這是一種拉高出貨形態：如果有意繼續拉升，何必又要在放量大漲後一兩天就開始整理？

　　其次是技術形態。高位出現整理走勢，而且是高點依次降低和低點依次抬高的三角形整理。技術上，股價跌破趨勢線便是新的開始，而且不會在短時間內結束。這就意味著頂部整理已經結束，繼而轉向的便是下降趨勢的開始。

　　那麼，上升幅度並不大時就出現這種情況，是什麼原因造成的呢？可以用下面幾點來解釋這種問題。

　　(1) 股價沿上升趨勢運行，途中遇到指數滯漲或者回檔，便會影響個股上漲。

　　(2) 當市場大環境發生變化時，為了達到快速出貨的目的，主力往往採

▲ 圖 2-2　　中國中車（601766）日線走勢

取拉高出貨的操作，在誘多中賣出籌碼。所以，就會在 K 線形態上表現出大漲之後的整理，重點是在盤中賣出。

　　（3）價格運動進入循環，原有的上升走勢已經結束，新的下降趨勢即將形成。在兩種走勢銜接中發出動能衰竭訊號，只是為「先知者」打開一扇逃生之門。當滯漲行情出現，股價不再創新高時，「先知者」就會權衡利弊關係。

　　注意，如出現以上所述情況，無論場外有怎樣樂觀的消息，股價運動的本質都不會改變，沒有大資金參與的股票是不健康的，散戶搏殺只能減緩下跌，但不能阻止下跌。事實上，交易者更喜歡強勢股，操作上雖然較激進，但若能掌握其中的技巧，獲利還是很可觀的。

　　股票市場上，在期待中生存是一件非常痛苦的事情。當股價還處在下降趨勢當中，就無法用準確的時間來判斷它會在哪個價位止跌，除非你有足夠的資金自己把它買上來，否則，逆勢操作的結果便是大賠小賺。

　　那麼，股票操盤手們在遇到這種情況時，是怎樣處理的呢？嚴格來說，被動交易的可能性幾乎很小，因為他們不僅懂得道理，還能言行一致。即便

是賣錯股票，也絕不會在沒有一定勝算的情況下，就入場交易和被動持股，這根本不符合投資邏輯。

其實，賣出股票以後可以有很多種選擇，比如，和家人一起去旅遊，用閒置的時間研究新操盤戰法，或在趨勢運行中論證一些觀點，更或者是為備選股票池增加一點投資標的。總之，只要不繼續參與在其中，你就是贏家。

## 2.1.2　趨勢形成的標準有哪些？

頭部確立，股價轉而向下。無論是快速，還是緩慢運行，在趨勢轉折的過程中都會形成一個關鍵點（買入和賣出的具體點位），之後便會朝阻力薄弱的一方持續運行。如圖 2-3 所示，中海油服（601808）股價在上升趨勢的末端出現高位滯漲行情，即圖 2-3 中圓圈標示處。

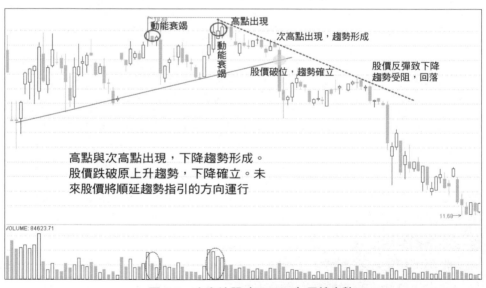

▲ 圖 2-3　中海油服（601808）日線走勢

　　影響股價向上突破的原因是什麼呢？從風險角度考慮，多半是市場格局發生了轉變，否則一支正常運行的個股，怎麼能在持續上升中突然改變方向呢？

　　新高未創是短期離場的時機，所以一般以前期高點作為判斷未來股價走勢的依據。不創新高就說明上漲動能開始減弱，尤其是在臨近壓力區時，就更能表現出避險資金做出的快速反應。因此，實盤操作中，投資人不僅需要對趨勢做出精確判斷，還要對實際走勢有理性分析，認識到多空轉折後的力量，並說服自己按照規則行事。

　　賣出股票不能等到趨勢完全走壞再開始行動，那只會擴大虧損，頭部出現若還想僥倖依靠趨勢支撐，那便是在自欺欺人。正確的交易策略，應該是在風險來臨之前就提前離場。若股價強勢回檔至趨勢支撐點後重返升勢，這時投資人還有機會再次進場。倘若依靠支撐，一旦支撐失效，那自上而下的虧損也影響你的心態。為此，投資時需注意以下幾點。

　　(1) 價格出現滯漲表示股價上升動能不足，雖然沒有確切數據可以證明到底要發生什麼事情，但買入股票後的獲利條件開始降低，正確的交易策略應該是暫時離場避險。

　　(2) 仔細觀察盤中走勢變化，從中找到影響價格的元素。技術上，高點通常有這樣一個特徵：價格與成交量或者是指標成背離走勢。如果發現這種形態，就要提高警覺，因為即便不是正真頂部，短期回檔也不可避免。

　　(3) 注意分時圖上的行為變化：拉高出貨比較明顯的特徵，是股價創新高時放出巨量，之後又開始向下緩慢運行。這種走勢可以判定為是掩護主力出貨，所以，遇類似情況時，投資人就要謹慎追高，避免高檔套牢。

　　需注意的是，股價從頂部轉而向下，並逐漸形成下降趨勢時，投資人在操作策略上應有所調整。原來的上升操盤規則，此時已經不太適合，新的下降操盤規則更能貼近走勢。

　　因此，「雙軌交易戰法」是這個時期較為妥當的一種操盤手段（詳細請見 4.1.5 小節）。在順延趨勢分析的過程中，該戰法會告訴投資人什麼時候股價見底，什麼時候股價見頂。

　　如圖 2-4 所示，中海油服（601808）雙頂成立後，由 A、B、C 三點構成一個向下運行的軌道，於 2015 年 11 月 27 日下跌 8.75% 跌破上升趨勢線和之前的整理平台，重新尋找支撐並以此作為下降的開始。

　　之後，多頭無任何反擊能力，而是默認空頭賣出，所以，後期下跌越加激烈，股價不斷創出新低，而此時雙軌軌道也已經對現在和未來走勢做出準確判斷。

　　投資人應按照規則，在股價出現滯漲時就要有所警覺，操作上，可降低倉位或暫時清倉觀望，炒股不能被理想主義束縛。事實告訴我們，動能衰竭多數情況都會選擇向下，除大牛市行情外，很少有確認下跌趨勢之後，短時間內再次重歸上升趨勢的股票。

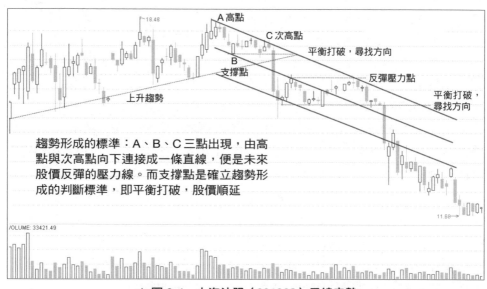

▲ 圖 2-4　中海油服（601808）日線走勢

## 2.1.3　實戰時，你得懂的交易規則

價格走勢通常不以人的意志為轉移，所看到的就是最真實的，不可在分析中再強加人性，特別是不能在大頂或大底出現時，有與實際走勢相反的想法。上升、橫盤還是下降，總有其自己獨立運行的方式，人為的改變只會在短期內有效，但終究不能改變趨勢。

如圖 2-5 所示，上證指數在 2017 年 3 月底形成的頂部擴散三角形（又稱「喇叭口」），頸線中樞跌破，技術上已經確認形態完成。然而，河北雄安新區政策出台，可謂是一劑靈藥，把原本走弱的股市一下變得沸騰起來。

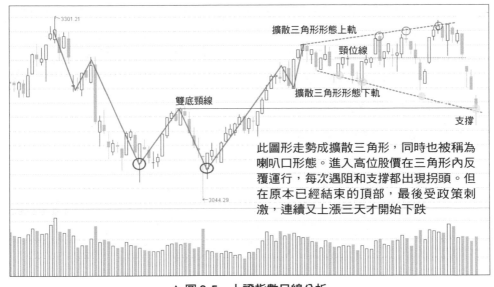

▲ 圖 2-5　上證指數日線分析

歷史上，上證指數只要出現頂部擴散三角形形態，後期股價必跌，如 2001 年 6 月 14 日 2245 點，之後指數一口氣下跌 600 多點。

股票交易是沒有任何人情可言的，越談感情越傷害自己。當你認為捨不得的時候，潛在風險就已經存在。如果遇到市場正偏向空頭一方，那你會感到很悲涼。即使手中持有的是強勢股票，短期內也要規避風險，因為個體力

量不管在哪種情況下，都不能與群體力量相對抗。

尊重事實，丟棄幻想，嚴格按照規則交易，交易規則是我們最好的交易夥伴。當操作策略制定完，能夠守住獲利的永遠是交易規則。通俗地講，就是在具有一定收益的情況下提高停損點，不能讓到手的鴨子再飛走。

執行交易規則的過程中，應該注意以下幾點。

(1)市場形態：當前價格走勢的真實變化，無論是強勢，還是弱勢，都不能有脫離現實的想法。關於這點，如果得不到正確的理解和認識，就難以獲得財富。因此，用心去觀察市場的細微變化，就更有機會獲利。

(2)尊重事實：技術分析研判後的結果，理應得到尊重。假設分析結論是正確的，而想法卻存在差異，那麼就要無條件地服從，而不是糾結於未來的可能之中。如果能做到這一點，那麼在關鍵時刻就可以避免股災的打擊。

(3)立刻執行：當你發現問題，事態就已經很嚴重了，倘若還在猶豫不決，那等待的必將是一次「屠殺」。遊資主導的市場，沒有更多時間可以讓你去思考，加上與職業投資人相比，一般投資人的反應往往更遲緩，所以，一感到風險就要快速離場。

# 主力都在底部盤整時買進，我教你如何看出來！

　　運籌帷幄才能決勝千里之外。技術形態的形成，是股票價格在順延趨勢方向運行時，由多空雙方在某一區域內，相互爭奪中所表現出的形式。它們通常有決定未來價格走向的基本功能，比如接下來所要探討的內容。

## 2.2.1　收斂三角形底部形態特徵這樣看

### 1. 價格走勢為長期下降

　　長時間的下跌或急跌將原有的形態破壞，難以從技術上找到更好的介入點。此時，賣出股票害怕上漲，繼續持有則又焦慮不安。因此，經由圖形辨認形態將任重而道遠。

　　儘管有難度，我們也要有改變的決心。技術圖形關乎交易成敗，若能做好對價格圖形的形態研判，就等於打開了一扇通向財富之路的大門。長期下跌趨勢中，股價朝阻力薄弱的一方持續運行，除利用圖形分析外，很難再找到解決實際問題的辦法，但是技術指標鈍化和交投清淡又抑制了股價上漲。

　　若上述狀況持續存在，那麼股價走勢上就會出現反彈無力、下跌動能減弱的現象。再經過反覆震盪後演變出一種底部形態，那便是收斂三角形底部形態。

### 2. 鄰近底部時下降動能逐漸降低

　　價格持續下行過程中，無論市場有著怎樣的利多消息，即便當日內出現

較大上漲，下降趨勢也很難改變。收斂三角形作為一種底部形態，會在下降末端出現，如圖 2-6 所示。

觀察兩點可以看出未來股價動向：收斂三角形形態下邊支撐線低點依次降低，但下跌動能在衰竭，與上邊趨勢線成收口狀；股價向上突破下降趨勢並完成回測，受到支撐後，二次啟動時該支撐點成最佳買入點，並以此判斷出未來可能上漲的第一目標位。

收斂三角形底部特徵為，下跌動能逐漸放緩和反彈受阻，在兩條線的標識下形成一個收斂性三角形；鄰近變盤時，股價就會在收口處窄幅運動並尋找突破點。

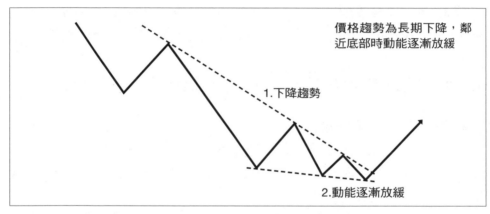

▲ 圖 2-6　收斂三角形形態

## 2.2.2　簡單畫出收斂三角形底部形態

### 1. 高點與次高點向下連接

尋找股價某個時期形成的高點，以此作為繪製下降趨勢線的起點，並向右下方移動與第二個次高點連接，就會形成一條直線，無限延長後對未來股價具有壓力作用。

### 2. 低點與次低點相互連接

　　將鄰近底部的價格低點相互連接，形成一條下行速度減緩的趨勢線，與上邊線同時分析，就會形成一個收斂三角形形態。

　　收斂三角形下邊線的特殊畫法與研判如下：有時低點依次降低，會形成一條向下移動的收口三角形形態；有時低點又依次向上抬高，會形成一條向上移動的倒擴散三角形底部形態。因此，無論下邊線是向上還是向下，與下降趨勢線結合分析，都是底部形態。

## 2.2.3　用形態完成技術來確認

### 1. 股價突破下降趨勢後轉變方向

　　技術形態的確認以事實依據為根本，將一切脫離實際走勢的想法扼殺在萌芽之中。唯有這樣，投資人才能真正進入交易狀態。現實價格波動的誘惑雖然會影響到判斷，但遵守規則交易的投資人，是不會在技術形態未完成之前就貿然行動的。

　　主觀上沒有人願意去做一個真正的傻瓜，除非大腦失去判斷能力，否則，怎能在價格沒有突破下降趨勢線，就認為趨勢已經改變了呢？

### 2. 股價突破下降趨勢線後回測確認

　　有投資人認為，假如可以提前買入的話，獲利一定要比按照規則交易更高一些。沒錯，這是事實。當大多數人還沒有認清後勢時買入當然是對的，但前提必須先成立。然而，事實並非如我們想像的那樣美好，缺乏買盤資金介入的個股就像沼澤地，進去以後多數會深陷其中。

　　一般情況下，突破回測受到下降趨勢線支撐，重新上漲時是最好的入場點。這個時候，價格已經從整理中走了出來，投資人一般也會認為這是底部區域，即使再出現下跌，幅度也不會太大。所以，除了主力控盤以外，更多散戶也會參與進來，相應買盤會增加很多。

## 2.2.4　實戰經典案例分析，一圖秒懂

### 1.〔實盤案例〕禾豐牧業走勢分析

　　價格見頂並轉折向下，趨勢上形成快速下跌之勢。那麼，在此期間投資人應該做些什麼呢？用一句話來概括就是：下降趨勢任何時候賣出股票都是對的，即下跌趨勢一旦形成，止跌訊號未出現以前，任何人都不能判定它就是底部。

　　價格逐級下移是趨勢運行的主要特徵，曾有人這樣比喻：在股價下跌中買股票，就好比是徒手接飛刀，存在很大風險，輕者可能是小劃一刀，重者可能就是劈筋帶骨。

　　如圖 2-7 所示，禾豐牧業（603609）的股價在放量見頂後快速下跌，不給投資人任何喘息機會，一口氣打回原形。之後，雖然出現止跌並向上反彈，但上漲力道有限，幾乎沒有超過下降幅度的 1/3，走勢也是弱得可憐！所以，價格在高位跌破有效支撐，就會毫無理性地下跌。這時要當機立斷做賣出操作，不能猶豫不決。

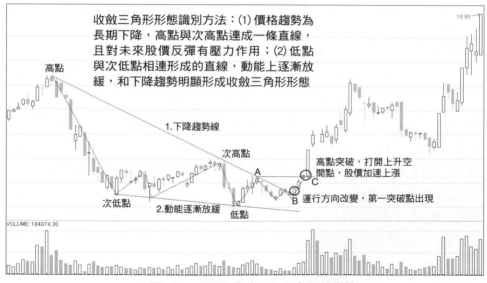

▲ 圖 2-7　禾豐牧業（603609）日線走勢

　　新的高點出現才能為分析提供幫助，否則就不存在有買入的價值。不按規則操作，怎能判斷出未來股價所遇到的支撐和壓力？圖 2-7 中，走勢分析已經非常明瞭，股價止跌向上緩慢移動，因上漲動能有限，最後還是未能形成一波像樣的上漲，再次轉而下降產生次高點。根據下降趨勢線繪製方法，高點與次高點相連，便會形成一條無限延長的直線（見圖中的下降趨勢線），並對未來股價形成壓力。

　　未來低點由止跌後向上反彈時形成的低點構成，將次低點與低點相連，便會形成一條直線，並對未來股價有支撐作用。事實上，價格從次高點下降後，正好受到底部三角形下邊線支撐，便出現上漲，與下降趨勢線結合分析，會形成一個收斂三角形的走勢。

　　那麼，分析它的意義是什麼呢？是現象的剖析，是對價格底部區域反覆運動的邏輯推理。長期下降以後多空雙方就會產生分歧，空頭認為下跌已有幅度，而多頭會認為是底部機會，最起碼從投機角度看是可以操作的。雙方力量比拼後會形成新的走勢，或是上漲，或是下跌。這時多頭佔有優勢，所以未來股價上漲的機率大大提高。

　　圖 2-7 的該股股價於 2016 年 3 月 17 日上漲 2.94%，突破下降趨勢線發出第一個訊號（圖 2-7 中 B 點），即方向已經轉變。此時，激進投資人可以少量參與，但真正的買點是突破 A 點以後出現的上漲訊號（圖中 C 點），此時才證明趨勢成立：原有下降和整理走勢已經結束，未來股價走勢將沿上升趨勢方向運行。

　　**收斂三角形中的低點與次低點依次降低，是下跌動能逐步衰竭的過程。換言之，坡度越陡未來反彈力道就越大，有物極必反的先決條件。**

## 慎防主力的誘空吸籌

　　完全投入交易當中後，你會發現價格趨勢始終朝預想方向前行。收斂三角形的底部構築過程，價格上下波幅圍繞在形態區間內，技術上股價已經進入底部吸籌階段。雖然低點還在依次降低，但下跌動能衰竭的現象，已經向「先知者」發出訊號，這是一種探底誘空吸籌的手段。

　　經由吸籌手段，將本來可以受前期低點支撐的平台打破，使多頭持有者

受到恐慌威脅不得不賣出股票，而這正好上了主力震倉的當。

多年來這種手段卻屢試不爽。對此，投資人應該有怎樣的反應呢？

股價進入突破確認階段後，很快就可以發現買點。如圖 2-7 所示，2016 年 3 月 17 日開盤 9.52 元，與前日收盤價 9.51 元相比股價開高 0.01 元，最終以 9.79 元收盤，全天上漲 2.84%。這時趨勢線改變運行方向，且在此之前，主力已經拿到廉價籌碼（低位放量），上漲條件已經具備。

不過，趨勢突破僅是第一買點的出現，還不能確定價格就一定會上漲，所以資金倉位要合理配置，20% 倉位足矣。畢竟真正的上漲勢頭還沒有開始，重倉參與顯然不是明智之舉。耐心等待股價突破前期高點（圖中的 C 點處），再加碼買入也不遲。

價格突破下降趨勢線後，需要觀察這幾點：前期高點（圖中 A 點）、最後一個低點（圖中 B 點），以及突破 A 點後形成的趨勢轉捩點（圖中 C 點）之間的量能變化。如果配合得當，股價就會上揚；反之，整理還將延續。

圖 2-7 所示的情況，就是量價配合得當的結果：2016 年 3 月 22 日開盤 10.32 元，較前日相比開低 0.02 元後，向上開始拉升並保持強勁上漲勢頭，連續創出新高後於下午 13 點 29 分封死漲停，收盤 11.38 元，此後，高歌猛進至 2016 年 4 月 5 最高上漲到 14.30 元。

## 2.〔實盤案例〕均勝電子走勢分析

多種形態的演變是主力震倉的結果，更是人性思維的展現，雖然都是底部形態，但兩個三角形走勢有所不同。如圖 2-8 所示，股價反彈後再次向下運行時，並未跌破前期低點，而是在這之上就開始上漲。這就意味著底部在漸漸抬高，發出趨勢即將轉變的訊號。

三角形底部形態特徵為，低點與次低點依次抬高是價格逐級走強的訊號，如果量能配合有序將會形成非常有力的上漲；反之，則有待考驗。

與圖 2-7 中的禾豐牧業的走勢對照分析，會發現圖 2-8 中該股的階段低點在逐漸抬高。這與之前判斷略有差異，但這也是價格超強的訊號。在利用底部三角形形態分析未來股價走勢時，有以下兩種判斷。

(1) 股價沿下降趨勢的方向持續運行，而低點逐步下移的速度開始減

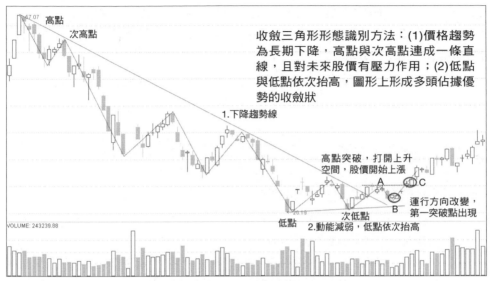

收斂三角形形態識別方法：(1)價格趨勢為長期下降，高點與次高點連成一條直線，且對未來股價有壓力作用；(2)低點與低點依次抬高，圖形上形成多頭佔據優勢的收斂狀

1.下降趨勢線

高點突破，打開上升空間，股價開始上漲

A

B　C

運行方向改變，第一突破點出現

高點

次高點

低點　次低點

2.動能減弱，低點依次抬高

▲ 圖 2-8　均勝電子（600699）日線走勢

緩，根據圖形繪製方法與下降趨勢線，形成收斂三角形底部特徵，如圖 2-7 所示。

(2) 股價沿下降趨勢方向持續運行，而低點是在逐步抬高，根據圖形繪製方法與下降趨勢線，形成收斂三角形底部特徵，如圖 2-8 所示。

## 注意價格突破後的回測走勢

有人認為低點依次抬高的走勢，要比低點依次降低走勢好很多，但實際上並非如此。低點依次抬高是個漫長的過程，白話地講，無論是哪派高手，面對下跌後的震盪行情時都很謹慎，而且主力控盤能力遠遠沒有達到，所以，可遇不可求的快速上漲，在這種情形下很難產生。

對此，投資人要有接受現實走勢的心理準備，不同形態的操作方法都有相應要注意的事項，需要做到的就是能夠在每一筆交易中都有所收穫，但要做到這一點，已經是非常不容易的事情了。

請注意價格突破後的回測走勢。原有的下降趨勢線被突破，股價回檔至趨勢線之上受到支撐，這便是理想中的回測。也可以由此判斷出未來價格上

漲動能的強弱，假如，股價並未下跌到趨勢線就提前啟動，表示做多意願增加。假如股價下跌到趨勢線才開始啟動，表示看多者持謹慎態度，後勢有繼續整理的要求。

回測確認第一突破點出現時，應依照規則交易適量買入，待第二突破點出現再進行增倉。

## 2.2.5　高手訣竅！用底部形態預測上升高度

最後傳授給大家，一個關於怎樣用底部三角形形態預測未來股價上升高度的方法。不管是低點依次抬高還是低點依次降低的三角形，只要形態成立，都能用此方法預測上升高度。

圖 2-9 為底部三角形形態預測示意圖。股價沿下降趨勢正常運行時，會在完善形態結構中上下來回波動，其間所形成的高點或低點，都對未來有影響。判斷未來股價上升空間有一個基本的原則，那便是圖 2-9 中所標示的兩條虛線，即股價強勢突破下降趨勢至鄰近高點處，受到壓力出現的回檔，同

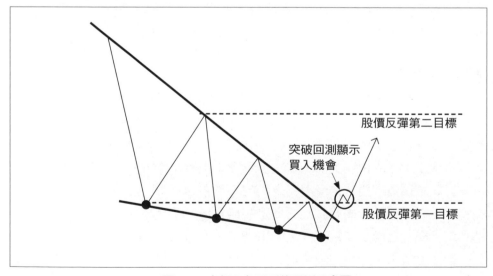

▲ 圖 2-9　底部三角形形態預測示意圖

樣也是自高點下降以來第一個低點的位置，這在技術上會形成很強的支撐。

突破前必然要在底部收集大量籌碼才能凝聚力量，因此，主力一旦決定向上拉升，第一目標很快就會被突破，之後將在跟風盤不斷增加的過程中抬高股價。其間，走勢雖然存在波折，但運行方向不會改變，最大漲幅可攀升至第二目標位，即下跌後向上反彈的第一個高點處，這時動力就會減弱並尋找新的支撐，或演變成其他形態。

**底部三角形預測的方法為：利用下跌時產生的第一個低點，和向上突破下降趨勢形成的關鍵點，推測出未來股價上升的第一、第二目標位。**

收斂三角形是股價連續下跌後，在震倉中形成的底部形態，由快速下降和緩慢下跌結構組成。下降速度快形態能快速完成，上漲速度也快。這是基於對超跌反彈走勢的判斷。緩慢下跌雖然在底部運行的時間較長，但走勢相對謹慎；一般情況下不會出現快速拉升的走勢，而緩慢向上移動倒是最常見的普通運行方式。因此，在搶反彈的過程中，要根據形態構築結構和市場環境來確定。當然，也應該伺機改變倉位。

## 自我測驗

學習並掌握本章講述的技巧，再付諸實踐，便會形成一套屬於自己的作業系統。根據本章內容，請回答下列問題。

1. 股價見頂時的特殊訊號指的是什麼？各訊號之間都存在著怎樣的關聯？如何做到在股價大跌前就提前離場？

2. 下降趨勢規避風險的最好辦法是退到場外，這一點你是否已經認同，並願意執行呢？

3. 底部三角形形態完成，證明原有走勢已經結束，新的趨勢產生，那麼在此期間，應該怎樣去繪製圖形並精確判斷入場點呢？

4. 底部三角形有一個特殊功能，可以幫助投資者預測股價未來上升空間，並找到目標位。那麼，實踐中應該怎樣根據圖形繪製進行測算，需要注意些什麼呢？

# 1 分鐘重點複習

- **瞭解**：股價見頂時的走勢變化。最直觀的是次高點低於高點，且與成交量和技術指標對照分析，有時會出現頂部背離的現象，這些都是上升趨勢結束的徵兆。
- **理解**：放棄對下降趨勢中的操作。雖然股價在運動中會出現階段性底部，但有此操作水準的投資人並不多，而且在獲利後很難控制自己的欲望。假如不能及時了結的話，還有可能虧損本錢。所以，不參與或少參與是較好的手段。
- **掌握**：股價進入底部時形成的收斂性三角形。繪製方法的準確性會直接影響到對未來股價的研判，關鍵點和上升幅度的預測的源頭都來於此。所以，需以突破後的回測點為確認依據。

NOTE

# Part 3

股價橫盤讓你很心急嗎？
兩訊號預測「高低點」賺價差！

本章講述股價進入橫盤以後的操作方法，分別對下降趨勢結束、橫盤運動時的低買高賣戰法、主力在底部收集籌碼的各種手段，以及築底期間的騙線和白馬股的捕捉技巧等，做詳細的圖形分析。

　　即使是剛入股市的投資人，閱讀完本章內容之後都會有茅塞頓開的感覺。實盤操作中最嚴重的虧損，通常不會在下降趨勢，而是在整理走勢當中。因為投資人入市後都明白一個道理，股票進入下降趨勢後獲利是比較困難的，所以，基本都會選擇停損，大虧的可能性很小。除了無視趨勢的死多頭以外，不大會出現深度套牢的現象。

　　而整理走勢則不同，股價在某個區間內上下拉動，操作得好就是低買高賣，操作不好就是高買低賣，反覆幾次結果可想而知！

第 5 堂課

# 用兩個訊號，
# 預測出股價的「頂和底」

股票分析中最重要的，就是能夠準確地找到股價未來的頂和底，這是直接關乎交易成功的根本問題。如不能做到這一點，即便是在買賣中獲利，將來也一定會把這獲利再還回去。

本節用兩個訊號告訴你準確找到股價頂和底的技法，將運行中的各種變化，以圖形表現出來，讓投資人能夠非常清楚地看到現在和未來的走勢。

## 3.1.1　股價進入底部時的變化

橫向走勢的形成，是股價進入下降趨勢末端以後，在某個區間供求關係平衡的寫照。事實證明，每一輪下跌之後都會經歷一個緩慢上漲的過程，而整理則是推動未來股價進入上升趨勢的基礎。通常，整理時間越長，將來股價上漲的幅度就越大。

這是基於對價格形態的研究，用一句話來形容，那便是「橫有多長，豎有多高」。當然，底部區域持續的時間長短，目前並沒有理論來評判，實盤中可以做到的是，用技術分析來預判價格的高低點，以及演變的某種形態。

下面以恒大高新（002591）的走勢為例，來講解高低點的預測。如圖 3-1 所示，該股從下降趨勢進入橫盤趨勢，當底部收斂三角形完成以後，股價便進入築底階段，如圖 3-1 中的 A 點處。

之後向上反彈至下跌前高點，受阻回落，技術上有二次探底要求。這是可以提前預知的，因為目前市場還沒有進入強勢狀態，底部反覆運動是常

態。所以，反彈高點可作為短期出場的最佳點位，如圖 3-1 中的 B 點處。

　　由圖中可以隱約看到股價未來的整體走勢，回測至前低點為支撐，跌破將還有新低；反之，就會上漲。但從以往的操作經驗看，繼續向下的可能性很小，一般都會選擇向上。所以，實盤操作把它列為短線入場點，如圖 3-1 中的 C 點處。

　　反彈開始，新的橫盤趨勢正式成立，由 A、B、C 三點構成一個類似箱體的走勢，且回測至前期低點為支撐，反彈至前高點為壓力。若在此區間反覆運動，便是根據訊號提示交易的重點，直到股價向上突破。

　　**股價橫盤時，低位支撐為入場點，高點壓力為賣出離場時機。若趨勢未發生轉變，就一直按照此策略操作。**

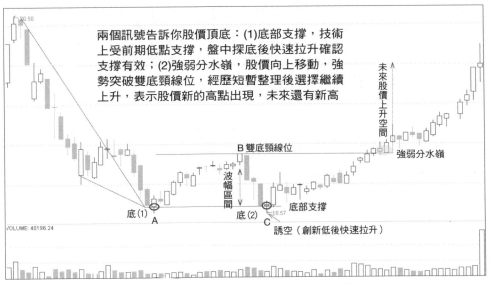

▲ 圖 3-1　恒大高新（002591）日線走勢

## 3.1.2　雙底形態的演變過程

股價經歷一波下降趨勢以後出現低點，如圖 3-1 中 A 點處。所謂底部是由反彈開始，技術上必須得到趨勢確認才能肯定。那麼，如何確認底部？這在圖形研判中可以找到。

現在我們把問題帶回上一章內容中去，收斂三角形底部形態特徵，會告訴你低點發出的時間和應該採取怎樣的手段。所以，這裡只能把它稱作是雙底形成前的一個訊號，並不能確認它就是橫盤整理中的底，唯有等到第二個低點出現才能證明。

股價自 A 點開始向 B 點反彈，遇阻後開始向下回落，但這期間無法判斷它會在哪裡受到支撐，所以等待價格自然下降是最好的策略。當然前期低點是一個衡量走勢強弱的標準，若能在此點之上啟動，說明上漲意願大於整理，未來形成雙底向上的可能性很大；反之，整理的時間就會加長。

## 3.1.3　築底期間的價格變化

下降結束，趨勢正式轉變為橫盤，其間反覆震盪在所難免。這好像也成了慣例，因為要想上漲，就必須讓主力在底部吸收足夠的籌碼。根據分析，價格在回探過程中曾一度擊穿前期低點，但這種走勢很快就恢復。

那麼，低點賣出的目的又是什麼呢？有兩個：一是送禮，提前買單，鄰近低點賣出，讓之前預埋的買單在低位成交，成交後快速拉起；二是誘空，即把散戶籌碼震出來，這種現象通常都發生在小型股上。

因此，需要注意的盤面變化，必須是在收盤前，將價格拉回至前期低點價格之上，否則就會失去震倉的意義。價格拉回可驗證原來雙底的判斷，如果至收盤價格還在前低點之下，則雙底不成立，後期有繼續下跌的可能，做好準備是抄底應對之策。所以，弱勢市場抄底是冒著一定風險的，且倉位都要控制在自己可以承受的範圍之內，也就是總資金的 20%，這便是最理想的資金配比。

以圖 3-2 恒大高新（002591）的走勢為例，股價向下回落至第二個低點

時突然賣出，直接擊穿前期低點 10.58 元後，在底部放出巨量，這是主力吸貨行為。分時出現這種情況，後勢基本上都會有一定的漲幅。所以，實盤中需要對所選股票進行追蹤，若日線股價走勢處在相對低位，而且盤中出現圖 3-2 所示的形態，就可以及時跟進。

次日盤中放量衝擊漲停，更加印證了之前的分析。未來上漲第一目標位可以先看到圖 3-1 的 B 點處，也是雙底形態確認後的頸線位。這裡是個套牢盤比較密集的地方，解套者的賣出會給短期價格上漲造成壓力。如果整理後重新上漲，那至少也是雙底形態價差的一倍以上。

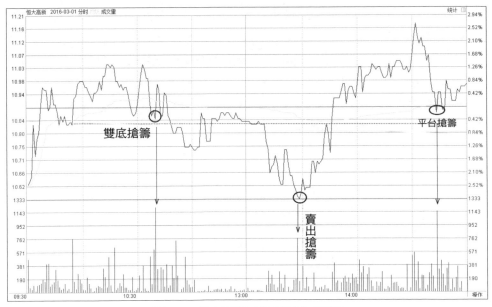

▲ 圖 3-2 恒大高新（002591）分時圖

分時震倉的目的是對日線走勢的彌補，大的變化通常出現在重要底部或重要頂部。

橫向運動中的交易策略，就是經由對兩個低點的判斷，確認未來股價可能上升高度。如圖 3-1 中，B 點既是頸線位，也是壓力點。因此，這裡是低點確認後上漲的第一個目標價格。假如上漲意願強烈，遇阻回落後將很快重

返升勢；反之，上漲意願不佳或條件不充分，遇阻後就很有可能形成另一種多重底走勢。

## 3.1.4　雙底形態技術確認

怎樣確認雙底形態的完成和突破呢？理論上，雙底形態是從下降趨勢轉變而來的。當下降動能出現衰竭，隨之而來的就是價格在底部區域的反覆震盪。這時股價常以橫向的運動方式進行，所以，利用區間震盪的原理，在本階段採取低點買入、高點賣出的交易策略較為妥當。

首先，確認一個下降後的低點，並以此作為對後期走勢研判的標準，即圖 3-3 的 A 點處。圖 3-3 的 B 點，是自 A 點反彈後形成的階段性高點。若此點成立，股價將會選擇向下回探，操作上不應急於跟進，待價格下降至前期低點時實行買入計畫，圖 3-3 中的 C 點即為買入點。

**下圖說明了股價由下降轉為橫盤趨勢的運動特徵，在此期間以整理走勢最為常見，為雙底或是多重底。**

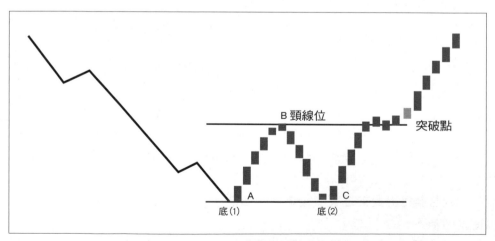

▲ 圖 3-3　雙底形態構築圖

## 3.1.5　未符合兩點要求，別輕易買入！

(1) 半強勢整理的研判標準：圖 3-3 中，股價自 B 點向 C 點處下探，若未跌破前期低點（A 點處）開始止跌並展開反彈，為半強勢整理，後勢有長期看好的局勢，不過時間上會稍長一些。

(2) 強勢整理的研判標準：圖 3-3 中，股價自 B 點向 C 點處下探並出現賣出，若盤中跌破前期低點（A 點處）後快速向上拉回，至收盤後仍收出中性陽線，為強勢整理，後勢具備快速上漲的條件。

除此兩點，若股價下探後未能及時拉回並至收盤出現中性陰線，將預示新一輪下跌的開始。這時，即整理平台低點跌破後期將繼續沿下降趨勢方向運行，直至新的低點出現。

雙底若成立，則未來股價將在 A 點至 B 點空間內運行，這是橫向運動走勢的規律。C 點買入訊號的產生是借助 A 點價格的完成，觸及的次數越多，證明此位支撐越有效。

而 B 點賣出訊號，則是在 A 點至 C 點之間形成的階段性波峰，對股價反彈具有壓制作用，形態上俗稱「頸線位」。確切地說，經由 A、B、C 三點構築的雙底形態，對後期股價走勢有折射作用：上有壓力，下有支撐，在某底部區域形成區間運動，直至價格突破。

理想中的走勢是價格在區間內反覆運動，持續時間越長，預示未來股價突破後的上升幅度越大。這種形態下，只要你夠有耐心，將來就會有不菲的獲利。

然而，現實與理想的差距，就是當現實發生變化時，理想也會隨之改變。換言之，理想是為現實服務的。在缺乏對走勢做出預判的能力時，你無法說服自己在獲利較可觀的情況下繼續持股。人是利益的囚徒，風險的喜好者，面對帳面資金快速增大，背後所擔心的事情往往是如何保位收益，而不是理性觀察市場。

## 3.1.6 如何抓住突破的關鍵點

突破前是橫向走勢，而突破則是方向的改變。這時確認突破關鍵點顯得非常重要。那麼怎樣確認關鍵點呢？圖 3-3 中的 B 點頸線位是強弱分水嶺：在之下運行，股價將延續橫行運動；在之上運行，是趨勢的轉變，即原有的橫向走勢結束就會出現新的上漲，關鍵點在突破的過程中完成。

頸線位突破回測，受到支撐才能確認未來股價的運行方向。需要注意的是，在此期間價格變動常會超出想像，或是尋找合適的時間，或是凝聚力量。總之，投資人要知道關鍵點在哪裡。如圖 3-4 所示，復旦復華（600624）在股價拉升前，就完成了趨勢轉變的全過程。

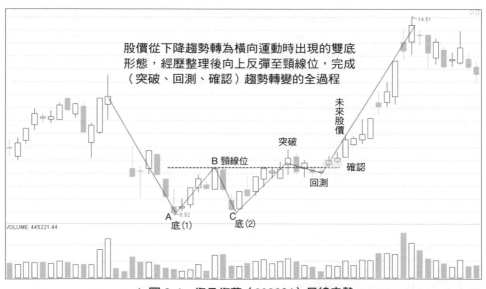

▲ 圖 3-4　復旦復華（600624）日線走勢

上圖中，股價從下降趨勢轉為橫向運動時出現的雙底形態，整理後向上反彈至頸線位，完成（突破、回測、確認）趨勢轉變的全過程。從趨勢運行角度分析，A、B、C 三點是橫盤趨勢的一種表現形式，而突破、回測、確認是完成趨勢轉變的重要過程，該過程在本書中被稱為「關鍵點」。

　　依照規則，任何趨勢的轉變都可能產生關鍵點，無論是在盤中，還是在中長期趨勢中，它們都以大相徑庭的形式出現。通常中長期突破的現象，在判斷上更容易一些，而如果在盤中出現，對投資人的操盤水準就有很高的要求。

　　盤感是整體操盤能力的一種表現形式，它不以某種固定模式出現，而是由盤中走勢變化的形式決定，尤其是在判斷股價進入大底，或大頂時的作用非常大。

# 3.1.7　主力甩轎時常設的騙局

　　傳統的震倉手法，已經不能較好地誘導投資人做出反向交易。現今，職業操手有更多行之有效的震倉手法，用以「欺騙」其他非專業的投資人。投資人應從盤面走勢上發現這些騙局，以保證自己的獲利不被侵蝕。目前，常見的震倉騙局有以下幾種。

## 1. 空頭騙局

　　所謂的騙局，受益者一定是偏向最初設計者一方。而空頭騙局的主要目的，是將多數人手裡的籌碼收集到自己手中，簡而言之，就是我們常說的「收籌」。正常向下運行對打擊套牢盤是很難有所成效的，在空頭時，持有多頭部位的，已經是虧損幅度比較多的投資人，想要從他們手裡把籌碼拿過來，只有兩種選擇，分別為解套和打破心理防線。

　　當然，第一種方法在震倉時是不可能成立的，那麼只有第二種，讓持有者感到恐慌。所以，有效支撐點向下清籌是常用的空頭騙局。投資人見價格跌破有效支撐，認為還有新的低點出現，就賣出股票，這種賣出股票的理由是非常充分的。

　　主力也正是找準了這個機會，利用技術手段和資金優勢在盤中製造騙局，讓一部分多頭守衛者賣掉股票。然而，真正懂技術的股票投資人，是不會被這些小技倆所矇騙的，他們會在確認以後才下決定。

　　那麼，對此確認的標準是什麼呢？請仔細觀察圖形中價量指標的變化，

最為明顯的是價格與指標之間的背離。若價格在創出新低，而指標卻在向上運行，則形成底部背離。

實際操作中，人們很難堅定信念，往往前腳賣掉股票，後腳股價就被拉升。這就需要投資人積累盤感，或者說等到鄰近收盤時再做決定。對於一般投資人來說，解決問題的最好辦法就是在收盤前做決定，放棄盤中的假想。只要指數不處在下降初期，個股繼續下跌的可能性就很小。如圖 3-5 所示，C 點就低於前期低點（A 點），是典型的空頭騙局。

事實上，這種現象並不多見，即使出現也是在底部區間。所以，股票操作的難度，不是表現在正常的上升趨勢和下降趨勢，而是在大趨勢轉折之前的運動形式，其要點就是看懂主力的真實意圖。

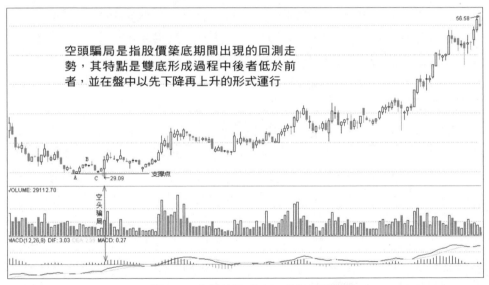

▲ 圖 3-5　金髮拉比（002762）日線走勢

**空頭騙局是指股價築底期間出現的回測走勢，採用在遇前期低點支撐時向下賣出籌碼，盤中跌破支撐，尾盤再拉高的運作形式。**

空頭騙局中，價格與成交量不對應，比如價格下跌，成交量卻放大。那麼，在如此低的價位是什麼人在賣出，又是什麼人在買入股票呢？只有一個

原因，就是把散戶手中的廉價籌碼收集到主力手裡。主力千辛萬苦收集的籌碼不可能就讓它在低位一直趴著，上漲只是一個時間問題。

## 2. 多頭騙局

　　股價運行真是千奇百怪，正常走勢中總有幾次特殊震倉的事情發生。看似已經具備了很好的上漲條件，但買入以後就會出現回檔，即便在牛市裡也會如此。為此，交易者要仔細研究個股的動態資訊。

　　如果是把股票賣掉，股價又會重返上升趨勢，且漲速驚人。這到底是什麼原因呢？令人頭痛的事情總是發生在抉擇的路上。下面我們由一個案例來解釋這個問題。如圖 3-6 所示，山西汾酒（600809）走的是上升趨勢中的震盪行情，這是為了後期能夠更好、更長久地上漲。

　　多頭騙局是價格向上運行中經歷的整理走勢，當股價突破前期高點後又迅速回測，把追高者套牢在短期頂部，然後主力經由賣出手中獲利籌碼，引誘不堅定的持股者賣出手中籌碼，反覆幾次就達到了震倉目的。

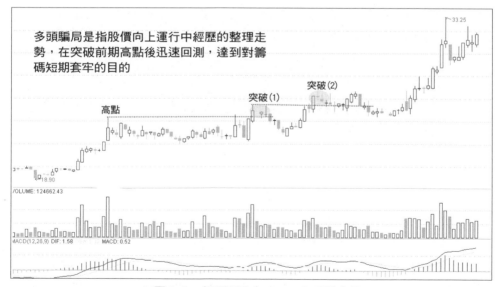

▲ 圖 3-6　山西汾酒（600809）日線走勢

防範和應對多頭騙局是操盤的要點。這種常態也不會被列入技術分析的範疇，更多的是盤面上的變化，一般具有以下特點。

(1) 上升趨勢中的整理走勢。

(2) 以突破前期高點的方式進行試盤。

(3) 震倉手法將價格控制在前期低點或之上。

根據「上升趨勢中，任何價位買入股票都是對的」這個原則，雖然會認為短期買入價格略高，但是買點問題和操盤格局不能同日而語。長期來看，只要上升趨勢沒有發生轉變，將來就一定會有突破高點的那一天。

所以，主力為了更好地完成拉升計畫，向下賣出讓不堅定的持股者離場，只是計畫中的一部分，同時還會利用創新高的方式吸引場外資金跟進。當買盤增加時，主力將手中原有小部分籌碼賣出使價格向下走。這是套路，也是高賣低買的交易手段。

## 3. 走勢分析

價格趨勢向上運行期間經歷一些整理是正常現象。當股價上漲一定幅度後，短線獲利盤就會表現得非常浮躁。這時雖然帳面資金在不斷增加，但內心的不安全指數也在提高，害怕到手獲利回吐的假想總在大腦裡出現。從心理學角度論證，這屬於妄想症一類，把一些還未發生或者是根本不可能發生的事情和現實比對。

那麼，怎樣才能獲取散戶手中的資金和股票籌碼呢？手段雖大相徑庭，但不外乎低點買入、高點賣出。其實，主力和散戶在技巧上的區別大不到哪裡去，主力只是資金上佔優勢。

說到技巧，散戶掌握不了的東西，主力一定可以，比如未來股價運行到什麼價位這一點，是資金賦予他們的權利。而散戶操作股票的難點，是對高點和低點的把握。什麼樣的高點才是真正的高點？什麼樣的低點才是真正的低點？只有弄清楚了這些，散戶交易才會遊刃有餘。

如圖 3-6 的山西汾酒（600809）是很好的案例，其股價於 2016 年 10 月 26 日出現第一個高點 24.41 元後，就一直保持橫盤運動的走勢，直到在 2016 年 12 月 14 日以 25.43 元的價格放量突破前期高點，才發出入場訊號，

但僅是突破。倘若盤中投機客追高，其結果必然是遭受失敗。

上衝後，該股股價並未朝預想的上升方向走去；相反地，再一次跌落至前期低點，這讓短線投機被套者非常惱怒。短線有個非常重要的策略就是停損，操作失敗立即結束交易。

該策略以買入價向下衍生 3% 作為條件，虧損幅度超過這個比例，不管接下來走勢如何都要立刻執行規則。這是短線投機風險控制的範圍，中線則可將停損點設置在近期整理走勢的低點，但停損比例也要在 10% 以內。

## 4. 搭橋過河騙局

操作中有這樣一種現象：股價朝趨勢指引的方向持續運行時突然賣出，一根大陰線吃掉前面好幾根陰線。以圖 3-7 中的金髮拉比為例，騙局中，當日股價大幅下跌並一口氣吃掉之前好幾天的走勢，且形態很不樂觀。相信當日賣出股票的人不在少數。這麼大的震倉動作，即使是專業人員也會有顧慮，畢竟這是真槍真彈的實盤交易。

然而，真實走勢卻與很多人的想法背道而馳，金髮拉比的股價回測至 60 日均線受到支撐，快速拉回重返升勢。這樣的主力還是很有實力的，操盤思維縝密，盤面運動的時間點把握得也很好。這種走勢也讓投資人確信了它未來會上漲的堅定信念，因為如果不是為了給將來拉升做準備，用不著費這把勁。

所以，從某種程度來講，有主力參與的股票才是好股票。這不僅僅是因為可以給你帶來收益，更重要的是，對主力操盤思維邏輯推理後的證實結果。如圖 3-7 所示，每一次回測後都會形成一個低點，且這種招數屢試不爽，輕度騙局(1)、(2)、(3)探底，都受到 60 日均線的支撐而上漲。

無論走勢如何變化，價格總會圍繞 60 日均線運行。主力回測，股價下跌受支撐後開始上漲，至突破前期高點後繼續重演震倉，反覆波動直到深度騙局出現。這裡所指的輕度騙局和深度騙局，分別以價格和均線的平均距離，也就是乖離率來判定：若股價圍繞 60 日均線運行則視為輕度騙局，走勢成緩慢運行；若股價圍繞 20 日均線運行視為深度騙局，走勢加速運行。

操作上，無論是輕度騙局還是深度騙局，若能探底回升，則預示股價後

期繼續走高。且輕度騙局的安全係數要高於深度騙局，因為加速拉升後股價會進入風險區。

下圖中的搭橋過河輕度和深度騙局，是指股價不按正常套路出牌，盤中總會出現回測。

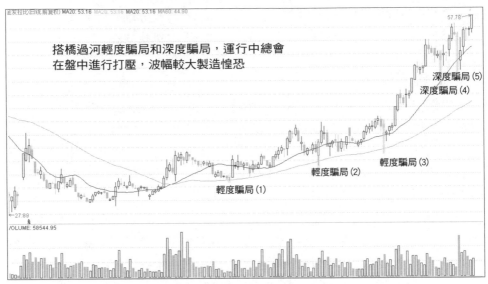

搭橋過河輕度騙局和深度騙局，運行中總會在盤中進行打壓，波幅較大製造惶恐

深度騙局 (5)
深度騙局 (4)
輕度騙局 (3)
輕度騙局 (2)
輕度騙局 (1)

▲ 圖 3-7　金髮拉比（002762）日線走勢

## 3.1.8　橫向整理走勢中的操盤策略

低買高賣的定義是當股價走勢成橫向整理運動時，所經歷的區間波幅，即波谷買入，波峰賣出，反覆操作直至方向發生轉變。目前，橫向整理走勢中的操盤策略，除了用該技法似乎已經找不到更好的辦法了。所以，投資人必須掌握這門技術，並牢記戰法口訣。

那麼，如何定義一檔股票的股價處於橫盤趨勢？上文曾提到，下降趨勢結束以後，未來股價會有兩種走向，分別為直接進入上升趨勢和區間整理後進入上升趨勢。實盤操作中，第一種走勢成立的可能性很小，第二種走勢卻很常見，也是自然循環的過程。

　　圖 3-8 所示，融捷股份（002192）的日 K 線趨勢圖中，由 A 點、B 點和 C 點組合一個向右折射的區間整理軌道，未來股價運行將在此區域內上下波動，或強勢或弱勢，後期都會出現突破點。而投資人需要解決的問題，是在這樣的環境下該怎樣操作。

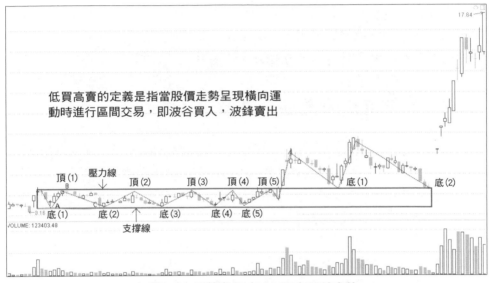

▲ 圖 3-8　融捷股份（002192）日線走勢

　　**股價橫向運行時的交易法則為，受到區間低點支撐上漲時買入，反之受到壓力下跌時賣出，直到趨勢結束。**

　　因此，請牢記操作原則。橫盤整理也稱「箱體技術」，意思是股價會在這個區間內無特定時間的運行，直到向下或向上突破才能證明整理結束。這個時候所能做的，就是在股價回落至 A 點和 C 點附近時買入，在股價向上運行至 B 點附近，且因受到阻力不能突破時賣出。

　　概括來講，橫向整理走勢中的操作原則如下。

(1) 買入法則

　　① 股價受到支撐，上漲時買入。

　　② 股價放量突破壓力線買入。

③ 股價快速上漲，突破壓力後回測原高點支撐買入。
(2) 賣出法則
① 股價上漲受阻，下跌時賣出。
② 股價反彈至壓力線不能突破賣出。
③ 股價突破壓力區快速上漲偏離支撐賣出。

橫盤整理期間是個方向選擇的過程，上漲和下跌的可能性都存在，利用技術指標和其他均線系統分析，很多情況下都會出現鈍化，而難以發揮它們的作用。對此，除了執行上述原則外，沒有其他更好的辦法。

## 3.1.9　用雙底與多重底形態預測功能

把投資命運交給圖形，它會帶領你順利完成交易。分析和研判只是利用形態特徵找出買賣點，而預測是經由現有形態，提前預知股價未來上升空間。目前在市場中能夠做到這一點不容易，沒有經歷牛熊輪迴反覆洗禮的投資人，如果只是略懂技術分析的皮毛，難以成為操盤高手。

股市中真正高手的獲利，必定是建立在形態研究之上，短期交易者根本體會不到波段交易帶來豐厚獲利的那種喜悅！因此，閱讀到此處的投資人，應經由對價格形態研究，和預測未來股價上升空間，來完善自身的交易系統。而本節要講述的雙底形態，如圖 3-9 所示。

**雙底形態預測是依據圖形成立的低點與高點之間的距離，在二次拉升時提前預測股價未來上升空間。**此形態是股價在低位整理中形成的技術圖形，策略上不僅可以進行低買高賣，還可以在突破頸線位時，提前預測二次拉升的空間。該形態預測的二次拉升空間，通常會有與震幅區間的等同比率，即圖中圓圈標示處。

具體預測方法如下：股價向上突破頸線位，回測受到支撐，再次上漲所到達的目標位，通常是頸線位加上整理期間低點至高點之間的價差。當然，牛市行情裡會更高，不過最大漲幅至 2.5~3 倍就會出現階段性頂部。而熊市中，目標位會在區間價格的 2/3 處回落。

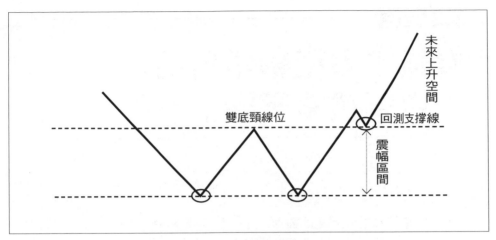

▲ 圖 3-9　雙底形態預測

第 6 堂課

# 看懂主力甩轎常用的「白馬伏擊戰術」

發現和參與大主力運作的股票，是一件非常美妙的事情，那種感覺用語言很難形容，獲利快速增長的背後是用喜悅來收場。從追求絕對收益的角度去思考，缺少大資金參與的股票算不上是好股票。

因此，在選擇和策略執行上，就要按照白馬股的標準去操作，才能順利完成這項工作。那麼白馬股的標準是什麼呢？

## 3.2.1 拆解白馬股的形態構造

所謂白馬股，是指長期績優、回報率高並具有較高投資價值的股票。

下面經由真實案例來講述白馬股的操作策略。如圖 3-10 所示，福建金森（002679）在拉升之前，股價從下降趨勢進入到橫盤趨勢，其間，雖然有上下波幅但仍受到制約。

趨勢衰竭後的弱勢訊號，讓交易者在操作上不得不謹慎起來，底部反彈無力的現狀，似乎在告訴投資人激進的購買力是行不通的，而穩健操作，採取低買高賣的策略會更加有效。這或許就是箱體技術交易法則發揮作用的時機吧！長期底部橫盤運動，對投資客是個考驗，雖然看好後勢，但很難確定它何時開始拉升。

運動中的價格變化總在強弱轉換中完成，任何一次無力反彈都會對後勢產生影響。該形態演繹的背後，是做多信心不足和控盤能力的不足。因此，看似突破其實是動能減弱，多次反彈受阻也只好向下跌破中短期上升趨勢

線，以重新尋找支撐。

　　實際走勢也印證了這種推理，如圖 3-10 所示，股價破位向下回檔至軌道下軌後，受到支撐向上反彈，但上軌仍是阻力，除非突破，否則遇到壓力就會下跌，且歷史上已經多次受阻，說明壓力較大。

　　可以肯定的是，整理的時間越長，未來上升的高度就越大。白馬股特徵就是走與眾不同的道路，不受指數和其他個股的影響，完全按照自己的思路運行，所以持續性才會更強。操作中，很多人都遇到過這樣的問題：明明看好的股票就是不漲，等你實在沒有耐心再持有，一賣掉就上漲。

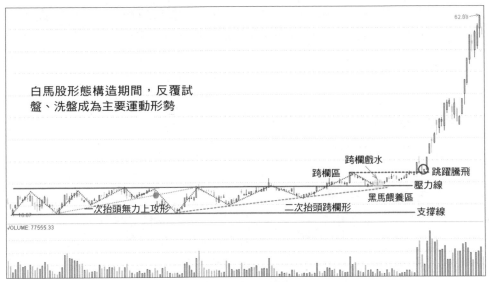

▲ 圖 3-10　福建金森（002679）日線走勢

　　白馬股（黑馬股的一種特殊形態）的形態構造是個漫長的過程，其間需要考慮系統性風險因素和場內控盤程度，所以在價格拉升之前區間反覆試盤、震倉在所難免。為了避免失敗經歷再次重演，要正確認識以下幾點並理解和掌握這些技巧。

## 1. 震倉特徵

震倉時所處的位置，一定是在價格趨勢從下降進入止跌以後，只要有明顯的止跌跡象（未創新低），就會進入整理區間。整理時間或長或短，具體要看指數的「臉色」，這裡我們可以提出兩個假設進行思考。

假設 1：指數仍處於下降走勢當中，而個股已進入止跌區域並展開震倉的態勢。那麼，這樣一來持續的時間相對短一點，一旦指數止跌或開始向上，個股很快就會上漲。此種判斷原理來自個股與指數間的對比分析，弱勢市場中的個股走勢明顯強於指數，待指數止跌，個股就會見機暴力拉升，成為一支「野馬股」。

假設 2：指數處於整理或上升階段，而個股走勢依然保持橫向運動，那麼未來整理的時間就會稍長，因為個股還不具備拉升條件。不過，可以換一種思維去理解，在指數進入整理或上升階段，個股表現依舊微弱，如果指數出現滯漲或回檔，它上漲的可能性會有多大呢？實踐證明，上漲的可能性微乎其微。所以，股市高手更多投資標的選擇，是追隨上升趨勢或正準備進入上升趨勢的個股，而儘量不去參與下降和整理中的股票，否則，投資人將付出較高時間成本和機會成本。

## 2. 整理平台突破確認

股價在軌道內反覆運行終將會突破，只是選擇哪一種方式才能更加有效，完全要考慮到市場因素。突破是價格方向運行的轉變，原有的走勢結束，新的趨勢自然來臨。這裡的突破是指良性突破，即價格向上突破整理區域，進入新的上升模式。這時以區間整理時的高點，作為參考多空力量對決的標準，股價站此線之上表示做多意願強烈，主力有意改變運動方向，因此，突破後需要有技術上的確認。

正常情況下，突破會有以下兩種走勢。

（1）股價放量向上突破整理平台高點，繼續運行三天得到確認，雖然上漲力道有限，但仍在前高點之上運行，如果出現回測至軌道上軌受到支撐，就可以確認趨勢方向轉變。

（2）股價向上突破整理平台高點，但受市場走勢低迷影響，未能在三天

內站穩，而是再次選擇向下跌破軌道上軌進入原整理區域，表示上升的條件還不夠充分，只好繼續維持橫盤運動的走勢，將來再找機會。

## 3.2.2 白馬股的 2 種啟動特徵

白馬股是股票市場中的大牛股，持續上漲的時間長、上升幅度大，是投資人夢寐以求的操作對象。那麼，在實際運行中它到底有怎樣的特點，具體建倉形態、拉升跡象和震倉時的手法，會不會就是要掌握的技巧？這些疑問需要從專業的角度來回答。

首先，白馬股有以下兩種。

(1) 慢牛白馬：股價築底時間長、運行速度慢，通常不受系統性風險的影響，有它自己的軌道，無論指數上漲還是下降，總是不溫不火在底部盤旋。假如投資人提前買入這樣的股票，只會浪費時間，牛市裡還會失去最佳獲利時機。當然，若一直持有下去，將來會有幾倍甚至 10 倍的漲幅。

(2) 瘋牛野馬：股價築底時間短，運行速度快，一般需要指數的配合，短期內向上突破壓力點，就會出現連續拉升的走勢。投資人越是不敢買，它越是漲得厲害。

因此，同樣都是牛股但操作風格卻有不同。經由以下案例分析，讀者對白馬股將會有更清晰的認識。

## 1. 慢牛股票的啟動特徵

主力以某種走勢在底部構築形態，其間用震倉、試盤等方式收集籌碼，當時機成熟後開始進入拉升階段，這是慢升股票必須經歷的過程。實際操作中，提前買入和滯後買入，都會給交易帶來負面影響，只有等關鍵點出現才是最好的入場時機。例如圖 3-11 所示的亨通光電日 K 線中，主力在底部構築雙底形態，利用區間震盪的震倉優勢進行吸籌、試盤。這些手法雖然不是什麼新招，但作用很大。

如圖 3-11 所示，股價在構築雙底期間受到支撐，開始向上緩慢移動，遇前期高點出現回檔，但走勢保持強勁勢頭，短暫整理後選擇突破並發出轉

勢訊號。令投資人出乎意料的是，股價剛剛突破還沒有多久就開始回測，而這一次下跌並未受到前期高點支撐，而是下移了一個平台在次高點附近得到支撐。

從運行形勢上看，可謂是老奸巨猾。假如投資人在跌破前期高點時就放棄該股票的話，等股價再次拉升時一定會很痛苦。反之，若能夠經由盤面走勢覺察到主力的惡意賣盤，後期的獲利一定是非常可觀的。

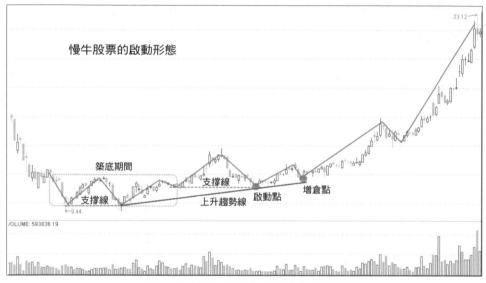

▲ 圖 3-11　亨通光電（600487）日線走勢

如上圖所示，慢牛股票的啟動特徵為，主力先以某種圖形構築底部，其間以反覆震倉、試盤等方式收集籌碼，在時機成熟後開始進入拉升階段。

根據右側交易策略買入原則，價格突破後向下回測受到支撐上漲時買入，而實際走勢是跌破高點後，在次高點處受到支撐，並與雙底形成一條向右傾斜的趨勢線，此時入場點訊號發出。

需要注意的是，股價剛剛啟動，且還在高點之下運行，倉位不可超過 3成，即便在大牛市裡也是如此，嚴格的倉位管理可以為你的投資增加一道保險。不能因為看好後勢就加重倉位，要知道股票交易不是百分之百獲利的，

若倉位過重，一旦遇上突發事件就會影響到投資心態。

請記住，任何一支慢牛股剛開始啟動時的漲幅都不會太大，形式上有一種邊走邊看的感覺，漲跌有序、緩慢移動是主要特點。

## 2. 瘋牛股票的啟動特徵

瘋牛股票的啟動特徵不像慢牛那樣溫順，而是選擇了一種激進的運動方式，無論上漲還是下降速度都超過一般股票。如圖 3-12 所示，柘中股份（002346）在底部於 2016 年 11 月 10 日開高走高並封死漲停，一舉打破之前長時間的橫向運動格局。

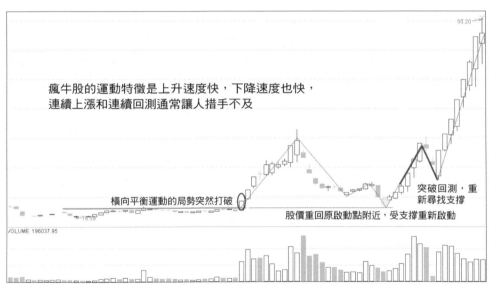

▲ 圖 3-12　柘中股份（002346）日線走勢

**瘋牛股票的運動特徵如下：通常不按常理出牌，整理一旦結束或回測受到支撐就會快速拉升。**對此，參與者只能選擇在啟動點入場，因為此類股的股價上漲速度太快。上漲幅度越大，風險越高。

所以，每日開盤時就要重點關注此類形態的個股。瘋牛股票雖然有一個築底過程，但不會像慢牛股票整理時間較長。瘋牛股票震倉時間短，控盤能

力強，一旦放量突破平台就會暴漲。當日上漲力道越大，後期上升速度越快。所以，入場訊號發出後要即刻進場。

以上圖的柘中建設走勢為例，第一次買入訊號是以放量向上突破整理形態的最高點為條件（圖 3-12 中圓圈標示處）。從另一方面考慮，能夠順利突破表示上漲意願強烈，尤其是橫盤運行一段時間，就更能說明問題，因此這將是瘋牛股票的最佳入場點。假如股價短期上漲後出現回檔，受到前期高點支撐，重新啟動同樣是買入機會。

### 3.2.3　用策略模型，精準把握買賣點

首先，建立一套符合投資人自身性格的交易系統，用它來幫助完成買入、持倉和賣出的整個過程。把主觀判斷和模型交易結合起來，炒股票就會更有把握。股價是變動的，而人的思維又會受視覺效果影響，在價格走勢變化中很難克制自己的情緒，這時策略模型將成為最好的幫手。

人的思維是活的，而根據交易習慣制定的策略模型卻是固定不變的，並且在面對無情走勢時，它是不會有任何情感摻雜在裡面的，只會按照原設定參數進行。如圖 3-13 所示，特一藥業（002728）於 2017 年 2 月 7 日發出買入訊號，股價開始向上突破前期高點後，向下回測，至低點附近受到支撐並得到確認，再次放量上漲就是最佳介入點。

根據提示，價格、成交量和其他指標都具有持續向上的潛力。這在技術上是一種完美結合，非常漂亮。事實證明，該股走勢不負眾望，在短短一個多月時間裡上漲幅度達 43.78%。其間漲跌有序，雖然在上升到前期高點時出現整理，但時間很短而且也是強勢整理，幅度都在風險可控的範圍之內。

此外，無論是從主觀上判斷還是策略模型指標的跟隨，都沒有放棄持股的理由。需要注意的是，上面提及的價格、成交量等都是傳統技術指標，幾乎所有股票軟體都會提示投資人可經由設置相關參數，讓它們變成自己獨立分析和研判未來股價走勢的利器。

因此，需要建立一套符合自己性格的交易系統，用它來協助自己完成交易，尤其是對判斷感到迷茫時，作用會更大。

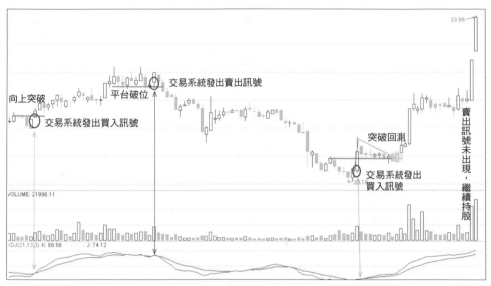

▲ 圖 3-13　特一藥業（002728）日線走勢

　　在實盤操作中發現問題，就要及時解決，否則將會越演越烈，最終釀成大禍。如圖 3-13 所示，買入訊號發出以前，特一藥業已經經歷了一波小的上漲，這時，若投資人不知如何操作，則應使用策略模型。根據策略模型，指標黃金交叉買入，死亡交叉賣出股價下跌。使用策略模型，投資人基本上便能不受不良觀點的影響。

## 自我測驗

　　讓問題在發生前解決，就可以成為贏家。經由本章的學習，讀者應能回答以下問題。

1. 股價從下降趨勢進入橫盤時，應採取怎樣的策略？
2. 如何確認股價已經進入橫盤整理走勢，依據是什麼？
3. 有兩種白馬股，一種是慢牛，另一種是瘋牛，它們各自的特點是什麼？
4. 預測牛股突破整理平台後的上升空間時，依據的測算條件是什麼？

# 1 分鐘重點複習

- **瞭解**：橫盤走勢中的交易規則。築底期間，主力吸籌行為已經決定了股價未來的運行方向和高度。這時主力在相對低點，利用各種手段將散戶手中的籌碼聚攏在一起。長期來看這也並不是什麼壞事：主力將分散籌碼集中到自己手裡，維護了盤面的穩定，也具備了控盤能力，將來必然會向上拉升。

- **理解**：技術的核心是經由圖形分析，解決何時買入與何時賣出的炒股難題。要嚴格執行分析得出結論，若猶豫不決將會錯過最佳買賣點。本章所講述的軌道技法，是一種專門在震盪走勢中進行低買高賣的交易策略。在其他技術指標出現鈍化時，該技法就會成為最主要的分析工具之一。

- **掌握**：股價進入橫盤趨勢的研判技巧。下降趨勢結束，新橫盤趨勢開始，其間反覆整理是構築底部形態的過程。對此，要有尊重現實走勢的心理準備。在轉勢訊號未確定之前，投資人應依舊採取震盪走勢策略。

NOTE

# Part 4

想精準買低賣高嗎？
學高手常用的 2 大經典
交易手法！

上升趨勢中雖然有較多賺錢機會，但操作有難度不易把握，頻繁操作甚至會錯失抓住波段獲利的大好時機。實盤中，很多投資人為了追求快速獲利的目的，一味地進行短線交易，殊不知即便是能夠在成功機率上佔據優勢，但資金佈局上永遠應該小於３成。

　　因此，股價進入上升趨勢也要做出客觀理性的判斷，用規則把握買賣點。把不同走勢的個股，利用形態分析的方法標示出來。本章針對小牛回頭、雙軌交易戰法和瘋牛跨欄買入技法，作詳細的講解。這些技法都是實戰中較經典的交易方法，無論是熱點還是主流板塊，都難以逃脫它們的監測。

第 7 堂課

# 用「小牛回頭」買入戰法，買在相對低點

　　股價經歷了從下降走勢和橫盤整理後，多數會迎來新的上升趨勢。這是所有投資人都渴望參與的，也是快速積累財富的階段。這時，你會發現在股市裡賺錢很容易，買入股票就會上漲，帳面獲利大幅增加。事實就是如此，每當一輪牛市行情到來，都會有一些佼佼者賺得飽飽。

　　這是市場給予的機會，常以感恩之心去交易會讓投資道路越走越寬。股市裡沒有太多新鮮事，做好自己能做好的就很了不起。股價從下降到橫盤再到上升，所經歷的每一個階段都需要用心感悟，策略的整理是做好交易的基礎。上升趨勢形成以後就該瘋狂，膽子越大越利於財富增長；反之，你會錯失難得的機會。

　　小牛回頭買入技法，是解決上升趨勢中的整理走勢的策略。為了規避在高點買入低點賣出事情的發生，該技法會告訴投資人怎樣買在股價的相對低點。不過首先要學會如何識別 N 字形形態，從而在走勢運動中找到買點。

　　N 字形形態是上升趨勢普遍存在的一種走勢，延續的過程會反覆出現清籌、震倉和拉升。在這幾個環節中，投資人需要規避的是主力清籌和震倉，需參與的是拉升階段。為此，投資人需要做出以下努力。

## 4.1.1　認識 N 字形形態

　　毫無疑問，小牛回頭買入技法是專門針對股價脫離整理走勢以後，正式開啟上升模式的個股。趨勢一旦形成就不會在短時間內結束，這是技術分析

趨勢理論的核心。那麼，投資人應該在股價進入上漲階段採取怎樣的策略，又如何找到階段性高點與低點呢？趨勢運行固然重要，但不能忽略走勢的折返。投資人如果能夠在回檔或突破時買入，那就是件幸運的事情。

因此，上升趨勢中會出現以下幾個特徵。

(1) 底部啟動形態。

(2) 上升中繼整理形態。

(3) 頂部出貨形態。

上述 3 種形態是一個必然存在的循環。當你確認底部完成以後，上升過程中就會有階段性整理形態的出現，該形態通常會以雙軌軌道和三角形形態的方式進行。

如圖 4-1 所示，藍思科技（300433）的股價於 2017 年 2 月 15 日向上突破，並向下回測受到主力持倉成本線支撐，完成頭肩底形態，於 3 月 3 日正式開啟上升模式。經由圖 4-1，可以清楚地看到該股股價運行呈雙軌震盪上行走勢，在大方向未改的情況下，主力採取邊震倉邊拉升的策略。

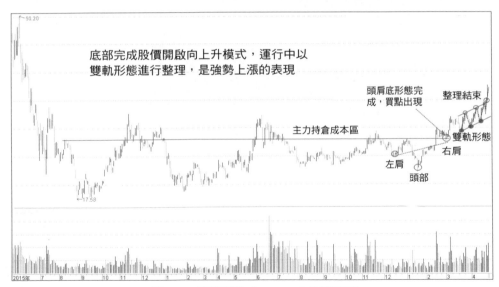

▲ 圖 4-1　藍思科技（300433）日線走勢

　　這是逐級走強的表現，而未來還會出現頂部出貨形態特徵，關於這個問題我們將在第 6 章內容中講到。**由圖中可看出該股頭肩底形態完成，股價突破，回測受主力持倉成本線支撐，開啟上升模式，途中出現雙軌形態強勢整理，後勢繼續看漲。**

　　上升趨勢運行的特點就是漲一段時間、整理一段時間，只要是在大趨勢有效支撐範圍內震倉，都是好的現象，也是推動股價持續運行的必經之路，即整理是為了更好地上漲。一檔股票有沒有參與價值，需要用「長線思維分析，短線思維交易」的方式進行，起初就把策略定性為長線投資，特別是在弱勢市場中，不利於短期獲利。不過，實際操作中，還是要根據市場、股性來綜合分析。

　　股價上升必須經歷的三個階段：築底（吸籌）、拉升和築頂（出貨）。如圖 4-2 所示，雙匯發展的股價見底之後，呈 N 字形上升態勢，運行一段時間後展開整理，走勢上雖然形成三角形，但這種形態在研判時是中繼整理形態，完成後股價還會朝原趨勢方向繼續運行。在實盤中一定要牢記中繼整理形態，而不是底部和頂部形態。

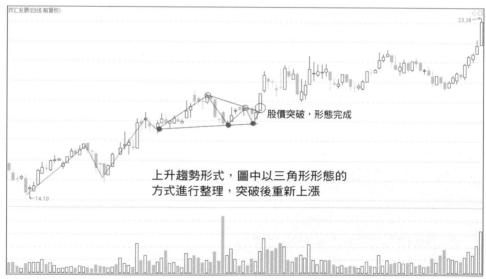

▲ 圖 4-2　雙匯發展（000895）日線走勢

　　雖然無法依據趨勢運行方向判斷未來股價會漲到那裡，但是經由中繼形態研判，突破一定還會有，且至少是和整理前相差無幾的漲幅。這是趨勢交易法則中一波三折策略給出的答案。如圖 4-2 所示，從整理結束到突破後的上漲空間，漲幅遠遠超出了一倍，但還沒有結束。**底部完成後，股價呈 N 字形上漲一段時間後展開整理。此三角形形態屬於上升中繼整理形態，結束後還將沿原趨勢繼續運行。**

　　需要注意的是，這不僅是簡單形態的分析，背後透露出的實戰經驗更為可貴。一般情況下，經過一波拉升行情之後，經過整理，股價未來還會有一波上漲。假如在此期間又出現了新的整理形態，那對後期上升空間，就要以鄰近形態為研判和預測的標準。

## 4.1.2　小牛回頭形態特徵

　　股價呈 N 字形上漲，趨勢形成後朝右上方傾斜移動，並在突破後開始回檔，而回檔幅度通常又在前高點之上，有一種看似軌道又非軌道運行的態勢，反反覆覆，逐漸拉高股價。實踐中，有人把它稱作是另一種慢牛走勢。圖 4-3 所示為小牛回頭買入技法形態，該形態中，股價實現突破後會回檔，在受到前期高點支撐後，再開始上漲，這是上升趨勢持續的主要特徵。

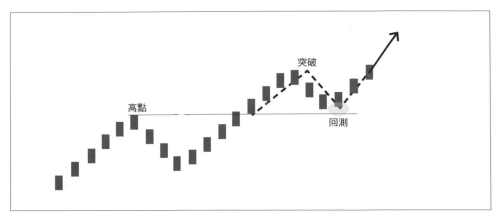

▲ 圖 4-3　小牛回頭買入技法──N 字形形態

**小牛回頭買入技法依據 N 字形形態分析，在股價突破前期高點向下回測時受到支撐，啟動時買入。**

其實，這種走勢很難判斷出股價未來會上升到什麼價位，但是可以確認的是，到目前為止仍處在上升趨勢中。根據交易規則，只要滿足買入條件就可以入場，無論漲到哪裡都一樣。

## 4.1.3 結合兩種技法更準確

價格突破，回測受到支撐上漲，這種情況反覆出現、不斷更替。雖然整體方向不變，但修正工作不可缺少。圖 4-4 所示為貴州茅台（600519）的股價走勢，用趨勢線將股價運行中已經出現的低點或高點相連，就會形成一條可無限延長的直線，該直線的作用是對還未形成的圖形進行研判。股價運行至趨勢線附近時，會發出支撐訊號，根據左側交易原則逢低買入的條件，便可入場。

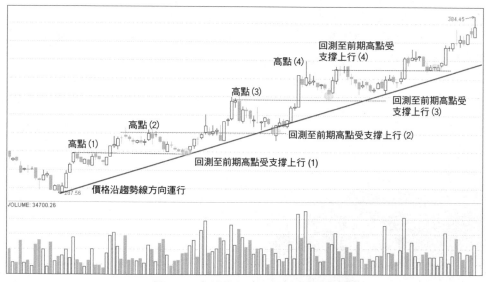

▲ 圖 4-4　貴州茅台（600519）日線走勢

　　**趨勢回測與 N 字形小牛形態買入技法結合使用，效果會更好，失敗機率通常小於 10%，是上升趨勢中執行左側交易時比較妥當的策略。**

　　在某些時期，炒股的事情不能太複雜，特別是進入上升趨勢以後，複雜了就做不到精準判斷。當股價騰飛、投資人性情浮躁時，投資人使用的方法越簡單，越能達到意想不到的效果。

## 4.1.4　用兩個訊號研判最佳買入點

　　任何形態走勢的股票在運行中，都會出現合理的買賣點，只要細心觀察並遵循交易原則，就能很好地把握住股價啟動時的關鍵點。因此，日常盤面觀察和復盤工作將是重點。雖然你已經很優秀了，但幸運的光環不會總出現在你的頭上；任何台前的成功背後，都有心酸的努力，這似乎是多數人的現實。

　　股票交易的重點，實質上就是對買點的把握，假如買點正確，任你將來賣在什麼樣的價位都是有獲利的，除非被貪得無厭綁架，選擇在獲利回吐並跌破買入價後賣出。

　　需要注意的是，在小牛回頭買入技法中，會有兩個買入訊號提示：股價沿上升趨勢運行時出現的回檔，至趨勢線附近受到支撐再次啟動時為第一買入訊號；股價完成回檔後，向上突破回檔時形成的高點，預示股價上升動能增強，不只是突破，後期還有更大的上漲空間。

　　要想把股票買在起漲時，就要掌握主力拉升的關鍵點。如圖 4-5 所示，老闆電器（002508）的股價，未在底部形成 N 字底之前一直延續下降走勢，其間雖有小突破，但未改變運行方向。N 字底突破以後，引爆了新的上升行情。這之後，每當股價向上突破前期高點，或是向下回檔至上升趨勢線時，都會給出買入訊號。

　　技術確認就是要找到一個可以支撐股價繼續上漲的理由，股價突破前期高點為第一買點，此時上漲動能已經增強，否則就幾乎沒有突破的可能。

　　其次，股價突破前期高點後，向下回測至上升趨勢受到支撐時，與前高點形成時空共振出現的買入訊號，也是 N 字形底部形態形成的關鍵點，具

有很強的上漲動能，因此被稱為慢牛股票的最佳介入點。

圖 4-5 中的老闆電器的股價，在經歷一波下降趨勢後，轉而向上運行，其間在以 N 字底運行時，都給出了明確的買入訊號（突破和回檔）提示。

小牛回頭買入技法更需要關注的是形態的變化，對於成交量沒有任何要求。當然，這是根據形態分析做出的判斷，實踐中如果再能結合自己的操盤策略，那效果就會更好了。

關於這個問題，下面將介紹一種簡單易學的交易方法──雙軌交易法，近二十年的實踐證明，該交易方法是行之有效的，尤其是針對有規律運動的個股，無論橫盤震盪或是單邊震盪走勢，都能夠精準把握股價買賣點。

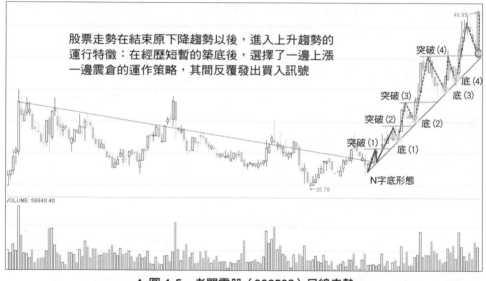

▲ 圖 4-5　老闆電器（002508）日線走勢

## 4.1.5　雙軌交易戰法

　　雙軌交易戰法主要用來研判和追蹤未來股價走勢，並在運動中找到買賣點。時至今日，在面對 N 字形上升和下降走勢的股票，與其他技術指標相比，雙軌交易戰法的成功機率更高，既可以滿足短線投機的願望，還能實現投資人持續穩定獲利的夢想。這裡的「雙軌」是指上升軌道和下降軌道，其中上升軌道的具體實例，如圖 4-6 所示。

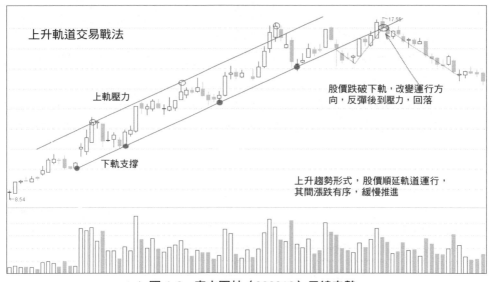

▲ 圖 4-6　東方園林（002310）日線走勢

　　**雙軌交易戰法中的上升軌道交易戰法為，股價回落受到下軌支撐啟動時買入，反彈至上軌受阻下跌時賣出。**

　　上升軌道交易戰法中，上升趨勢形成，股價順延軌道運行，其間漲跌有序，緩慢推進直至方向改變；回檔至下軌受到支撐啟動，反彈至上軌受到壓力回落。

　　若你的操作習慣是短線交易，那在軌道內逢低買入受阻賣出是最好的策略。如果你的操作習慣是中短結合，那它更能滿足你的需要。投資人在資金

佈局上，應一半短線一半中線，既可以體驗投機價值的存在，也可以享受趨勢持續運行帶來的豐厚獲利。

上升軌道交易戰法需要遵循的原則是「一買三賣」，具體如下。

一買：股價回落至下軌受到支撐，啟動時買入。

一賣：股價向上運行至上軌遇到阻力不能突破，下跌時賣出。

二賣：股價快速上漲並突破上軌，下跌時賣出。原因是股價短期上漲過快，買盤資金未能持續增量，導致衝高回落。

三賣：股價進入上升趨勢末端，因動力不足出現衰竭，向下跌破下軌賣出。

除此之外，雙軌交易戰法的其他作用是：空間預測。股價在軌道內運行，上下波動空間大小各有差異，在利用該戰法時，應選擇一些活躍性較好的個股參與。

當然，你無法保證股價一定會按照預先設計好的路線運行，可能會出現加速或者減緩的走勢，不過經由軌道修正可以解決這個問題，具體實例如圖 4-7 所示。

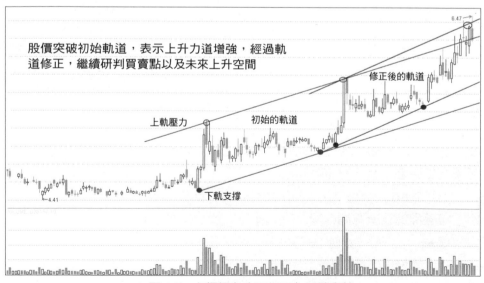

▲ 圖 4-7　永輝超市（601933）日線走勢

　　根據股價漲跌速率不斷修正軌道，研判時若重點參考新軌道執行，就能夠很好地掌握住買賣點。股價加速上升時，有以下兩個訊號需要注意。

　　(1) 上升坡度越陡，回落的速度就越快。對此，戰法中有一條是突破上軌下跌時賣出，其目的是規避短期回檔風險。

　　(2) 股價向下跌破下軌，坡度陡峭一旦回落很難找到支撐。事實上也沒有支撐，主力決定出貨就不會給散戶留下出逃的機會，所以，支撐的夢想一定是會被打破的，這時尊重現實和接受現實是最好的選擇。

　　**股價突破初始軌道後上升速度加快，預示未來將進入主升段拉升階段，是看好的表現，經由修正可以繼續研判買賣點和上漲空間。**

　　另外，雙軌交易戰法還包括下降軌道交易戰法。一旦下降趨勢形成，股價就會順延軌道運行，其間反彈或下跌都會受到支撐和壓力。這是自然循環走勢，除非突破改變運行方向，才能證明原下降走勢結束，具體實例如圖4-8 所示。

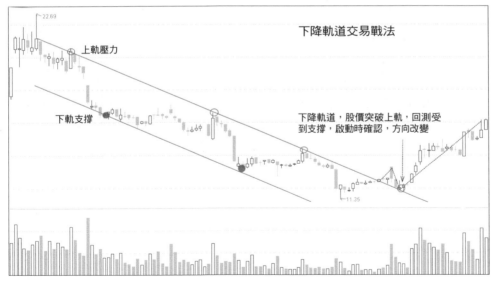

下降軌道交易戰法

上軌壓力

下軌支撐

下降軌道，股價突破上軌，回測受到支撐，啟動時確認，方向改變

22.69

11.35

▲ 圖 4-8　宜通世紀（300310）日線走勢

圖 4-8 中，下降趨勢形成後，價格在軌道內反覆運行，遇下軌受到支撐上漲，反彈至上軌受到壓力下跌，反反覆覆持續了好長時間，直到進入末端，下降速度減緩，向上突破軌道並回測確認，才改變運行方向。對此，交易者要牢記下降軌道戰法口訣並嚴格執行。

下降軌道交易戰法需要遵循的原則是「三買一賣」，具體內容如下。

一賣：股價反彈到上軌，受到阻力不能突破，下跌時賣出。

一買：股價回落至下軌，受到支撐啟動時買入。

二買：股價因下降速度過快，跌破下軌並遠離，上漲時買入。這是基於對物極必反原理的理解，價格偏離正常軌道後有向軌道回歸的要求，而再次上漲時買入的準確性高。

三買：股價突破軌道線上軌，回測後受到支撐，啟動時買入。原下降趨勢已經結束，新趨勢即將誕生。

下降軌道交易戰法的操作要點為，下降趨勢形成，股價順延軌道的方向運行。根據規則，回落至下軌受到支撐買入，反彈至上軌受到壓力賣出。

而下降軌道操作中需要注意的，是股價跌破下軌時的速度。在交易法則中有一個戰法是跌破下軌買入，是基於物極必反原理，過度偏離正常軌道後有回歸要求。因此，實盤中投資人需要具備一些盤面功底，才能及時在價格回歸時買入，具體實例如圖 4-9 所示。

圖 4-9 中，股價首先在初始下降軌道內運行，反彈至上軌後未能突破便轉而快速下跌，其速度與之前相比堪稱之最，下軌根本沒有任何支撐作用。實踐中，雖然這種走勢很少出現，但作為交易者，一定要有應對一切突發事情的能力。假如股價快速跌破並未受到下軌支撐，那就繼續等待衰竭後的買點出現。

理論上，下跌速度越快，抄底的意義就越大。若只是圍繞下軌緩慢下跌，也毫無反彈的意思，那這種股票就可以放棄了，因為它必是一支無人問津的垃圾股，繼續參與只會消磨你的意志，價格不高，波幅也不大，獲利可能性也很小。

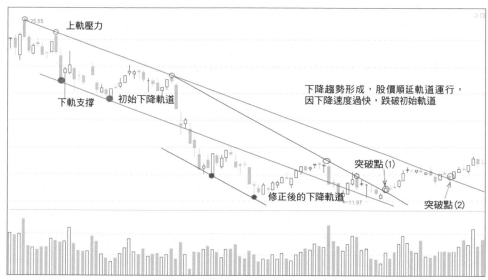

上軌壓力

下軌支撐　初始下降軌道

下降趨勢形成，股價順延軌道運行，
因下降速度過快，跌破初始軌道

突破點 (1)

修正後的下降軌道

突破點 (2)

▲ 圖 4-9　先河環保（300137）日線走勢

圖 4-9 中，該股股價在初始軌道內運行，因速度過快而跌破下軌，原有的軌道失去研判作用，待止跌反彈時重新修正軌道。

在無法改變股價運行方向時，改變分析思維修正軌道是明智的選擇。股市大師從不採取有違市場規律的行動，因為到目前為止，任何個人力量都無法改變市場走勢，若真有這麼一種力量，那一定是以團體的形式。

所以，根據走勢特徵在運動中找到關鍵點，是追蹤分析的重點，股市變化莫測，每日都要做出新的判斷，要像照顧孩子一樣去呵護個股，才可在同業人中脫穎而出。

N 字形也好，雙軌交易戰法的上升形態也好，都有一個共同的特點：上升趨勢形成後，股價沿趨勢方向運行，回測受到支撐便會啟動。然而，這也是預測未來空間的基本條件之一，從啟動點開始算起，至股價前高點的距離形成價差，突破後還有同等比例的漲幅。

另外一點是量能配合與價格漲跌有序，現象是上漲增量，回檔縮量，循環往復，逐級推動。若是在價量之間出現明顯的背離，那便是非頂即底的形態，應提高警覺，並利用規則定出新的研判結果。

第 8 堂課

# 用「瘋牛跨欄」買入技法，提前預測出目標位

　　從穩健慢牛投資到激進瘋牛投機轉變的過程當中，投資人要有預知未來的能力，需經由對股票走勢特徵分析找到關鍵點。若投資人能學會本節技法，將來還能提前測算出股價上升目標位。

## 4.2.1　瘋牛跨欄買入技法是什麼？

　　瘋牛跨欄買入技法是將一些符合條件的股票，利用形態分析方法篩選出來放入備選池裡追蹤，滿足買入條件後開始突破整理平台，根據訊號提示，進行買入操作的一種針對上漲形態交易方法。

　　突破訊號發出之前，股價可能長時間處於某個區間上下震盪的走勢，其間會歷經吸籌、試盤、清籌、突破等多個環節，最後才會進入拉升。需要注意的是，突破訊號出現前，操作上應保持繼續觀望態度。這是判斷方向改變的重要思想。綜合主力操作思維分析，整理平台突破只是原走勢形態結束的一個訊號，並不是主力真正拉升的關鍵點。

　　因此，等待訊號發出，即突破後價格向下回測，受到瘋牛欄杆支撐，再次上漲時才能確定拉升來臨。所以，形態選股只是成功交易的第一步。第二步是把符合瘋牛跨欄標準的個股，放入備選池追蹤和分析，並觀察訊號出現的時機。第三步是回測受到瘋牛欄杆支撐，若再次上行，則上漲是真正的訊號。瘋牛跨欄技術形態模型，如圖 4-10 所示。

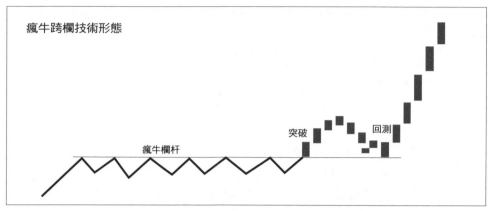

▲ 圖 4-10　小牛回頭買入技法——N 字形形態

　　**瘋牛跨欄是一種主力在底部長時期進行吸籌、試盤、清籌過程中的整理形態。**股價向上突破瘋牛欄杆，運行方向發生轉變，回測確認即是起漲點。

　　遵照規則交易，上漲訊號未出現，整理的時間就難以確認，提前買單會被主力拖到拉鋸運動的泥沼裡。這時買入不但不能產生效益，賣出還要付小額成本，把資金放在裡面將會導致資金閒置，若遇到弱勢市場，還可能會受指數下跌的影響而出現補跌。因此，嚴格來說，只有在回測確認後入場才能提高成功機率。

## 4.2.2　瘋牛跨欄的研別標準和買入時機

　　該形態常會出現在以下兩個重要的位置。

　　⑴ 完成下降趨勢修復，進入整理階段，其間股價上下拉動，但每次上漲至瘋牛欄杆處都會受到壓力，選擇向下運行，形成箱體形態。這說明主力控盤能力還未達到拉升的條件，反覆整理還將繼續，突破的主動權在主力手裡，散戶所能做的就是等待訊號出現。

　　⑵ 上升中繼，股價拉升一波以後出現的緩衝，也許是小幅向下拉鋸運動，也許是頭肩底形態或其他形態，剛開始向上都會受到瘋牛欄杆的壓制。當然整理中還存在做頭的可能，所以突破訊號是研判方向改變的重要依據。

很多情況下股價都處在潛伏期，只有等到股價向上突破，瘋牛跨欄訊號發出，回測確認後才適宜入場。那麼，有沒有另一種可能，即突破後股價就直線上升，而不進行向下回測？有的，不過形式上略有不同，一種是接下來要講解的內容，而另一種會在第 5 章詳細說明。

那麼，瘋牛跨欄的買入時機到底是什麼呢？如上所述，拉升訊號發出時，就是買入時。

(1) 股價突破瘋牛欄杆，發出主力意圖拉升的訊號。

(2) 回測至瘋牛欄杆處受到支撐，上漲時買入。

(3) 用當日上漲幅度大於前一日實體 K 線的 1/2 ，作為回測確認的訊號，條件滿足就可以買入。

## 4.2.3　經典實戰案例分析

如圖 4-11 所示，中昌資料（600242）的股價未向上突破整理平台之前，呈反覆震盪的狀態，每當觸及瘋牛跨欄線，都會受到壓制並轉而向下。這在此區域已經形成一條不可逾越的鴻溝，給投資人帶來非常嚴重的心理陰影，如果不能聚集力量突破，投機客就會選擇逢高出場。

反之，聚集能量向上一舉攻破空方陣地，那多頭必能佔主導地位。果不其然，多頭選擇在 2016 年 9 月 19 日向上突破，拉升訊號出現。

之後股價保持震盪上行的態勢（期間 2016 年 10 月 10 日至 2017 年 3 月 12 日為該股停牌時間，2017 年 3 月 13 日復牌），向下回測並得到確認，並於 2017 年 3 月 15 日開始衝擊漲停。在 6 個交易日內上漲幅度達 48.86%，區間震幅 68%，且從形態上分析，未來股價還將有很大幅度的上漲空間。

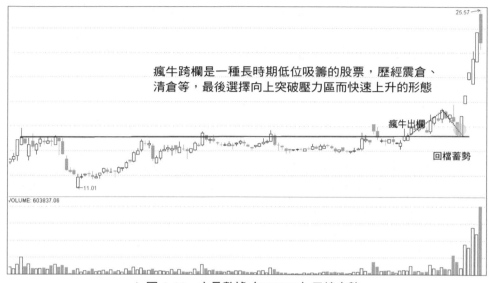

瘋牛跨欄是一種長時期低位吸籌的股票，歷經震倉、清倉等，最後選擇向上突破壓力區而快速上升的形態

瘋牛出欄

回檔蓄勢

▲ 圖 4-11　中昌數據（600242）日線走勢

　　如上圖所示，瘋牛跨欄是一種經歷吸籌、震倉、清籌和拉升過程的形態，可能出現在底部區域，或是出現在反彈後的整理走勢。**當股價越過瘋牛欄杆，就意味著主力已經開啟上升模式**。與其他形態不同的是，瘋牛跨欄的買入條件一旦滿足就會快速上漲，基本上不給散戶留下更多買入的時間。

　　因此，脫離韁繩的野馬漲完一波還有一波，這不是無稽之談，而是在實踐中已經存在。誰都不可能要求股價演繹圖形和自己的想法一樣，更重要的是區別對待它們。不同主力運作的手法雖大致相同，但多少也會有些差異。這一點源於市場環境和大資金坐擁者，他們具有改變股票走勢的能力，而散戶所能做的就是發現他們的意圖，跟隨意圖在力所能及的情況下，從中賺取一定收益。

　　如圖 4-12 所示，湖南天雁（600698）的股價在瘋牛跨欄訊號發出之前，一直保持平衡整理。其間雖有反覆，但在遇到跨欄線時都轉而向下，之後僅有 2017 年 1 月 3 日這一次是放量突破且以漲停板收盤，並打破整理僵局，讓股價短時間強勢上漲。

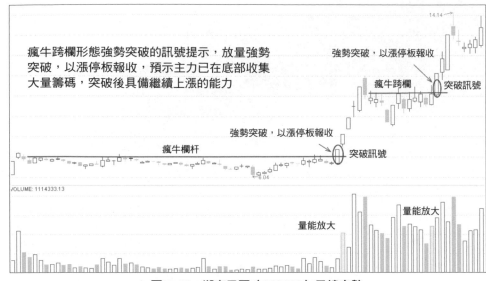

瘋牛跨欄形態強勢突破的訊號提示，放量強勢
突破，以漲停板報收，預示主力已在底部收集
大量籌碼，突破後具備繼續上漲的能力

強勢突破，以漲停板報收

瘋牛跨欄　　　　突破訊號

強勢突破，以漲停板報收

瘋牛欄杆　　　　　　　　　突破訊號

VOLUME: 1114333.13

量能放大　　　　　　　量能放大

**▲ 圖 4-12　湖南天雁（600698）日線走勢**

圖 4-12 中，湖南天雁的股價放量突破，以漲停板報收的形式衝出瘋牛欄杆，預示主力在底部已經收集大量籌碼，訊號發出後具備上漲能力。

根據整理時間分析，未來上升空間僅有第一波是完全不夠的，理論上還會形成第二波上漲，強勢市場中還會出現第三波。

與圖 4-11 中的中昌數據走勢不同的是，湖南天雁突破後股價連續大漲並未很快出現回測（僅指圖 4-12），這是可以理解的。試想，股價在底部長期醞釀，並收集大量廉價籌碼後向上突破，站上欄杆線，怎能小有獲利就選擇出貨？這種可能性微乎其微。

只要用正常思維去思考問題的能力，你就會想到即便短期上漲動能減弱，也不會是真出貨，整理之後還有新高，除非在量價配合方面和系統性風險上出現問題，否則就沒有見頂的理由。

那麼，如何判斷突破瘋牛欄杆線後是向下回測還是直線拉升，需找到突破時的關鍵點。通常以漲停板形式突破，上漲力道會更強，連續性走勢是常態，為此，投資人可以在次日跟進。若以中陽線向上突破或次日未出現大漲，那向下回測欄杆線的可能性非常大。因此，決定後期漲勢如何的關鍵

點，在於突破時聚集的能量。

### 三波強弱各不同

根據股價整理寬度來預判未來高度，不需要經由繁雜的數理統計，也不需要對價格高低點精確計算，只要能夠分辨出跨欄形態並繪製，就可以大概判斷出上升高度。

(1) 第一波為弱勢市場，一般會在整理寬度的 1/3 位置，出現上漲動能衰竭訊號。這時，投機者可以先入袋為安，待整理結束再根據上升趨勢交易規則在突破時買入。

(2) 第二波為半強勢市場，一般可以達到整理寬度的 1/2 和 2/3 的位置，若上漲動能減弱或出現與成交量背離的現象，就可以考慮出場。

(3) 第三波為強勢市場，傳說中的漲完一波還有一波，也是形態成立突破後的最大上升空間，它的高度與寬度基本相同。

## 自我測驗

經由本章學習，讀者應能回答下列問題。

1. 趨勢形成後，如何判斷是緩慢運行還是震盪上升？小牛回頭買入技法與其他技法有什麼不同，對未來尋找買入點有怎樣的幫助？

2. 雙軌交易戰法的核心內容是什麼？與同類技術分析不同的是什麼？ 繪製中有怎樣的特殊要求？

3. 短線暴漲股的擒牛技法要點是什麼？怎樣才能買在瘋牛跨出欄杆的起爆點？

# 1 分鐘重點複習

- **瞭解**：股價進入上升趨勢以後的運行規律。是緩慢上漲還是 N 字形，抑或是階梯走勢，將關乎採用怎樣的交易策略。所以要先瞭解個股走勢特徵，並辨認形態，操作起來就會更加順利，不會在中途隨意改變策略。

- **理解**：小牛回頭買入技法的研判方法。該技法會確認兩個買入點，一是股價突破前期高點，回測後受到支撐，即上升趨勢的相對低點，也是左側交易的核心技術。二是股價突破高點，即放量上漲創出新高，並以此作為研判未來上升空間的依據，比例通常是 N 走勢的一半。

- **掌握**：N 字形形態的運行規律。N 字形形態突破後的高點，往往是未來股價回測的支撐點，之上股價啟動，表示動能強勁，股價有加速上漲的潛力；之下運行表示動能不足，股價有向下或維持震盪的可能。

NOTE

Part **5**

如何順勢操作呢？
這 8 種技術線型你得學！

趨勢形成時不僅要做到順勢而為，更要學會借勢。指數運行的每個階段都有不同，個股也是如此。時而快速、時而緩慢，這是規律。為此，根據價格變動速率，進行波段交易或是短線投機，才能將收益最大化。

　　一般情況下，投資人根本不知道行情什麼時候結束，所以，順延趨勢運行方向交易，是最實際且有效的策略。然而，難以把握的是進入牛市尾聲，也是場內交投最為瘋狂但持續性較差的時候，通常一週之內就會出現下跌。假如入市時間正好趕上趨勢拐點，投資人的資金很容易被套。

　　因此，必須經由技術分析和盤面來確認行情是否結束。本章中，第一節的 5 種交易戰法，告訴讀者怎樣借助市場的力量快速獲利。第二節的 3 種分時形態，是短線交易參考的依據。

第 9 堂課

# 掌握日線關鍵點——
# 5 種特殊交易技法

　　當你完成所有判斷後，就要買入股票。不能是只做好前面的功課，而到了最關鍵的時刻又不敢出手，這就失去了學習的意義。作為職業操盤手需要練就的獨門技術就是「用極為準確的買賣訊號鎖住價格的下一個拐點」，時刻做到心中有數，這是一項不太容易完成的工作。

　　成功的股票操盤手，會讓錯誤的交易思維消失，在重現歷史交易的路上，把那些影響做正確投資決定的東西去除，等待股價真正啟動時的訊號出現。就像鱷魚捕殺獵物一樣待在原地一動也不動，能保存更多的體力，尤其是當幼小獵物出現時（股價走勢不明朗時，最好選擇待在那裡一動不動）能不受誘惑，依然可以靜靜地趴在那裡，等待更大獵物出現是一種境界！

　　大獵物到來之前一定是有預感和徵兆的，看似有機會，但一買入就被套，這到底是什麼原因？小獵物出現時，主力正在經歷最後吸籌、試盤、清籌這個過程，目的是把意念不堅定者都攔截在暴漲之前，讓那些手握重金的大師們（機構或個人）進來推動股價持續向上運行。我想這是主力最喜歡看到的事情，不僅可以把風險轉嫁給他人，還可以從中獲得合作上的收益。

　　是的，我們都在玩同一種的遊戲，只可惜有人玩得好，有人卻玩不好，綜合起來主要有以下幾類人。

　　(1) 想玩，但不知道怎麼玩，結果還是進來一起玩。你想他們會玩出什麼名堂，好聽的說是在參與，不好聽的是在胡鬧。買賣沒有任何章法，任憑自己胡亂交易，遇上行情好的時候還可以撈一票，行情不好的時候就只能買一次虧一次。在市場中這一類人被稱為「後知後覺又可愛」的投資人，但這

種「可愛」對積累財富卻沒有幫助。

　　(2) 想玩，知道怎麼玩，但就是玩不好也一直在裡面玩。論經驗他們算得上股市裡的專家，懂很多知識，也有分析行情的本領，但就是在會和做之間弄不明白。和其他人講解都沒有問題，甚至推薦的股票都能連續大漲，可自己做起來總是不能突破心理那道坎。所以，不甘心讓自己在市場裡一直處於掙扎狀態，一旦遠離又害怕行情出現，一親近又不能如願，堅持就是最好的理由。

　　在市場中這一類人被稱為「不知不覺還挺敬業」的投資人。與其他人相比，這類投資人為股票市場發展還是做出了很多貢獻，但是離成為真正的操盤手還有一段距離，因為交易者的報酬唯有從市場裡賺取，難道不是嗎？

　　(3) 想玩，知道怎麼玩，也能玩好。這是最值得敬重的一批人，他們無論是從觀念上，還是對交易的感悟，都遠遠超出了一般投資人的稱謂。這類人懂規矩，有章法，不會被市場左右，沒有固定的投資標的，一切以市場走勢為中心，該短線的時候則短，該長線的時候則長。主要是根據市場環境來判斷，而不是用自我意識來驅動。

　　股市裡，追求絕對收益是永遠不變的信條，而套牢這個字眼更不會在第三類人的操作理念中出現，嚴格執行規則已經形成交易習慣，機械式的人為操作把交易策略執行得非常到位。表面看起來好像是不食人間煙火，其實內心的那種清澈只有同類人才能體會到。所以，在市場中這一類人被稱為「具有較高心理素質」的職業投資人。

　　因此，下面向讀者們傳授 5 種特殊交易技法。這 5 種技法在半強勢市場運行中表現優異，並讓一部分投資人在短期內獲得了豐厚獲利，與指數同期相比，跑贏近三倍。

## 5.1.1　「黃金柱 K 線形態」買入技法

　　大主力在底部集中震倉時的破解，大部分情況下，一般投資人不會注意到某一區間以很小窄幅運行的個股，尤其是在市場進入半強勢狀態以後，關注度就更低。可事實非普通投資人所想的那樣，因為這種走勢的個股，可以

在突破後快速拉升至翻倍，或更高的獲利。

這種走勢下，股價經歷一波下降後在底部區域形成一字底形態，把價格走勢編成一排，漲跌基本都在這個範圍。時間短則幾天，長則十幾天，甚至更長，不過一旦向上突破便會快速上漲，除了追高幾乎沒有參與的可能。

那麼，股價運行中關鍵點是怎樣形成的？如何才能發現並確認？參與者需要做好哪些工作才能在起漲點入場？現在介紹一種交易戰法，即「喜鵲升天」交易技法，分為「黃金柱 K 線形態」和「黃金坑形態」買入技法，用它可擒獲短線暴漲股。該投法是投機中的重要策略，實戰中已經有了很好的成果。雖然你不是主力，也沒有成為主力的可能，但是可以利用本技法在拉升時買入。首先要說明的是黃金柱 K 線形態，具體形態和走勢如圖 5-1 所示。

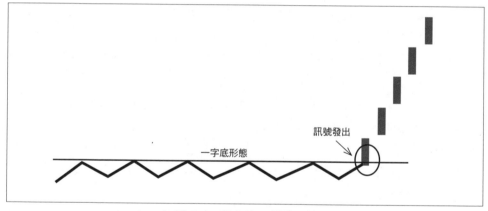

▲ 圖 5-1　黃金柱 K 線買入技法

**黃金柱 K 線買入技法是針對一字底形態個股突破後，快速上漲的個股在盤中出現小幅回檔時的買入訊號。**當然，完成一字底形態需要經歷一個過程，時間或長或短，在不同市場運行階段中，所表現出的走勢都會有差異，通常，上升階段經歷的時間要短於整理或下降市場。

如圖 5-2 所示，西部建設（002302）的股價走勢中出現一字底形態，兩次黃金柱 K 線訊號的買入提示發出之後，都有較大漲幅。那麼抓住短線暴漲股的技巧是什麼呢？經由真實案例分析，訊號發出之前，基本上先要經歷

一個地量低價的震倉。股價運行中遇平台高點就會選擇向下，表面看上方壓力較重，又缺乏量能的配合，所以下跌自然就有了理由。

　　其實，這正是主力的高明之處。散戶買入之後只能虧損，因為它根本就沒有高點，價格已經被鎖定在一個窄幅橫向運動區間。可是，等你忍不住賣出以後，更後悔的事情就會發生：連續快速上漲。

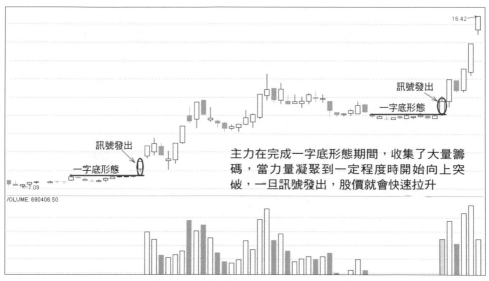

主力在完成一字底形態期間，收集了大量籌碼，當力量凝聚到一定程度時開始向上突破，一旦訊號發出，股價就會快速拉升

▲ 圖 5-2　西部建設（002302）日線走勢

　　**股價向上突破，一字底形態完成，盤中漲幅超過3% 在第一個回測點買入，是該技法的要點，若次日未能大漲，將會出現黃金坑。**

　　關鍵點是指，向上突破某個整理平台時出現的大陽線。滿足黃金柱 K 線買入需要的兩個條件，為價格突破一字底形態，當日漲幅超過 3% 確立形態完成，這在之後會詳細講解。

　　假如只是突破但並沒有達到預期漲幅，說明股價上升動能不足，後期仍有繼續整理的可能。實踐中，我們要求突破 K 線越大越好，這樣才能證明主力已經完全做好了拉升準備，不願意讓小散戶在低位搶到籌碼，而等到高位再賣出。

## 在關鍵點買入

不是所有整理平台突破的股票都會成為一支大牛股，而是在整理走勢中形成一字底形態才有爆發力。試想，一檔股票原本好好的，為什麼會在一段時間內把價格鎖定在一個窄幅運動的空間裡，並且在陰陽交錯的過程中還基本相同，上下沒有多少差價？除了主力和有實力的大機構可以做到，就連一般的私募基金也做不到。所以，精選個股不僅要看形態，還要看形態背後的數據，這樣勝算才會更大一些。

假如你也找到了符合黃金柱 K 線技法形態的股票，根據買入原則建倉，就算不能從底部拿到籌碼，只要參與在裡面你就一定是贏家。這樣的觀點不知道能否得到認可，現實中，很多成功的交易者都在這樣玩，並且玩得還都挺好。事實勝於雄辯，投機就要有投機的策略。

從追求絕對收益的角度思考，想要擒住短線暴牛，沒有比黃金柱 K 線技法更好的辦法了。做股票不能只是分析而不去實踐，分析得再好不敢建立部位，一切都是紙上談兵。分析是為了更好地實踐，而實踐的過程又是為更好分析提供依據，兩者應該是互惠關係，不能成為兩個獨立的個體。

黃金柱 K 線訊號發出，從根本上來說就是一種大膽的舉動，沒有多少投資人敢打破固有的操作思維，去接受一個新的知識點，何況還是在實踐中處於評估階段的方法。可正是這些敢於創新的交易策略，在現實中打敗了傳統觀念的分析邏輯。2015 年 6 月中旬至 2016 年年初，震驚世界的 A 股股災就是最好的證明，有多少股市大師都倒在了「血泊」當中，而恰恰正是這些能與時俱進，且符合現代投資學的方法戰勝了市場。

因此，關鍵點買入的條件如下。

⑴ 訊號發出前股價呈一字形運動，在底部或是在股價運行的中部，衡量的標準是某個時期的 K 線走勢呈平衡式運行，低點不在計算之內，重點在於反彈高度是否處於同一水平線。

⑵ 盤中突破一字底形態水平線 3% 後，在第一個回測點買入。所謂第一個回測點，是股價加速上漲以後出現的第一個回檔，如圖 5-3 所示。

股價盤中突破一字底水平線後發出買入訊號，當天漲幅越大越好，說明主力在整理期凝聚的力量更大，對後期上升有持續推動作用。

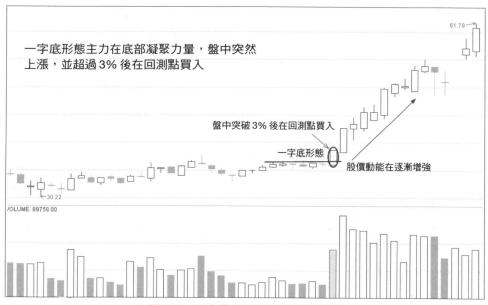

一字底形態主力在底部凝聚力量，盤中突然
上漲，並超過 3% 後在回測點買入

盤中突破 3% 後在回測點買入

一字底形態

股價動能在逐漸增強

▲ 圖 5-3　匯金通（603577）日線走勢

　　(3) 執行一次建倉交易策略：黃金柱 K 線買入技法是短線擒暴牛的主要工具，在強勢拉升的過程中向下回測時間很短。因此，給交易者考慮的時間並不多，遇條件滿足就要及時跟進。若一時猶豫，將會錯過最佳入場時機，只能等待二次機會。

　　實盤交易是個耗費腦筋的工作，指數、板塊和精選好的個股都要追蹤觀察，每 30 分鐘走勢都會不一樣，因此，需要交易者日常完成大量的復盤工作，從趨勢、圖形形態和分時走勢，在成交量的配合下進行，成為一個體系的操作。如圖 5-4 所示，該股分時關鍵點出現之前，股價圍繞均價線反覆運動，成橫向走勢，拉升時放量突破。

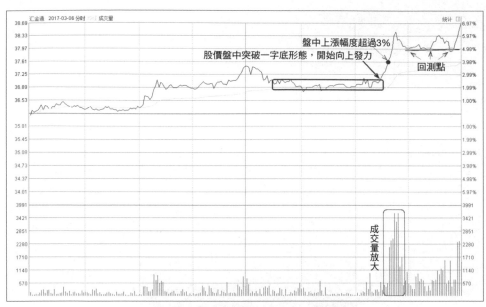

▲ 圖 5-4　匯金通（603577）分時關鍵點

　　如上圖所示，黃金柱 K 線分時關鍵點為，股價突破一字底形態水平線後，開始向上發力，漲幅超過 3% 後向下回測時形成第一個低點入場。

　　這裡還需要注意以下幾點。

　　(1) 為什麼要選擇盤中突破 3% 後在回測點買入，而不是其他任何價位？實盤中 3% 通常是強弱動能轉變的過程，突破說明上漲動能在增強，後期仍滿足看漲條件。

　　假如上漲僅在 3% 以內，存在假突破的嫌疑，也許只是主力的一次試盤，提前進入很有可能會遭遇二次震倉。

　　(2) 為什麼選擇在漲幅超過 3% 以後，形成第一個回檔低點買入？原因是突破後股價上漲動能強勁，短暫回檔是拉升中的一次緩衝。若整理時間長，則說明上漲動能意願不強。

　　這會對後勢產生影響，所以在買入技法中要求當天上漲力道越大越好，至收盤封死漲停是標準形態，否則次日上漲就會被減弱。

　　(3) 日線成交量無關緊要，重點是一字底形態要呈水平線運行，主力鎖

定價格區間，才能在底部凝聚更大的上升爆發力。假如整理空間過大或時間太長，就會走瘋牛跨欄形態，便不利於判斷。

## 5.1.2　「黃金坑K線形態」買入技法

　　黃金坑K線形態類似黃金柱，不同的是在股價發出黃金柱K線買入訊號以後，次日股價並未強勢上漲，而是選擇小幅回落（或是一日，或是連續幾日，但回檔幅度都在一字底形態之上），仍保持在一字底形態之上運行。此時，主力就會構築黃金坑，在形態上製造出繼續整理的假象，將最後的浮動籌碼徹底清洗出去，是演繹的最終目的，投資人一旦在低位賣出股票，就會出現連續大漲的情形。黃金坑K線買入技法如圖5-5所示。

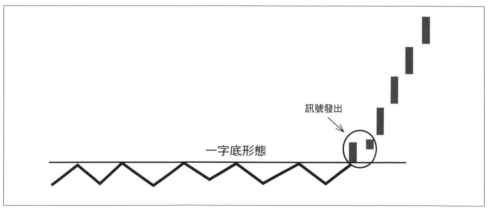

▲ 圖5-5　黃金坑K線買入技法

　　**黃金坑K線形態買入技法，是對黃金柱K線買入技法的補充，使黃金柱K線買入技法變得更加準確。**為避免被主力在股價低位清洗出去，黃金坑K線形態將會教你怎樣在股價拉升前買入。當你識破主力運作意圖之後，一些事情就會變得簡單起來。

　　以黃金坑K線形態來說，依據黃金柱K線買入技法，盤中股價上漲3%後在回測點買入訊號的提示，次日股價回落帳面上有可能會出現虧損，而此

時又不能確認運行方向，給操作者造成心理上的壓力是可以理解的。不過，相反的是我們要在這裡繼續增倉，只要股價還在一字底形態之上，就完全具備持股的條件。

如圖 5-6 所示，太陽電纜（002300）的股價在 2016 年 12 月 29 日發出黃金坑買入訊號。該股突破前的走勢為一字底形態，其股價經歷窄幅運動後於 9 點 40 分最高 8.84 元，漲幅超過 3% 後出現短暫回檔，一分鐘後再次上漲，結束微調，繼續上升。收當日最高漲幅，次日並未直接拉升，而是選擇震倉。

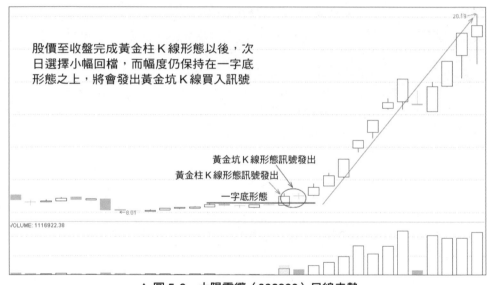

股價至收盤完成黃金柱 K 線形態以後，次日選擇小幅回檔，而幅度仍保持在一字底形態之上，將會發出黃金坑 K 線買入訊號

黃金坑 K 線形態訊號發出
黃金柱 K 線形態訊號發出
一字底形態

▲ 圖 5-6　太陽電纜（002300）日線走勢

這就是黃金坑 K 線買入技法的奧妙之處，當股價完成 3% 漲幅後，維持小幅整理時，正是再次買入機會，只要它還在一字底形態之上，就沒有無動於衷的理由。事實上，這種交易策略是正確可行的，隨後股價一躍而起，連續多日大漲。

**黃金坑 K 線形態實戰用法，巧妙地解決了股價漲幅超過 3% 後出現的窄幅整理，並以此作為增倉的依據。**

　　其實在股市賺錢並不難，只需要投資人每天能夠堅持完成復盤工作就可以。當然，性格的磨練也很重要，有不少投資人並不是倒在了下跌的路上，而是倒在了毅力的路上。換言之，成功是終極目標，怎樣正確地走好過程才是重點，沒有日積月累的能量積累，怎能靈活應對各種變化？

　　如圖5-7所示，天山股份（000877）在股價大幅拉升的同時，出現了黃金坑，在演變的過程中經歷了三天整理。這在某種意義上也給交易者增加了憂慮。無論是主力再次震倉還是拉升前最後預熱的情形，都浮現在投資人腦海裡。

　　然而，令人跌破眼鏡的是，之後一段時間內股價連續大漲，慶幸的是當初抱以堅定信念沒有被震出來，遺憾的是對自己判斷也不能肯定。為此而損失的不僅僅是一檔股票獲利，更多是沒有形成一套完整的操作體系，這是造成無法做好交易的根本原因，問題從自己身上找原因，事情就會變得簡單。

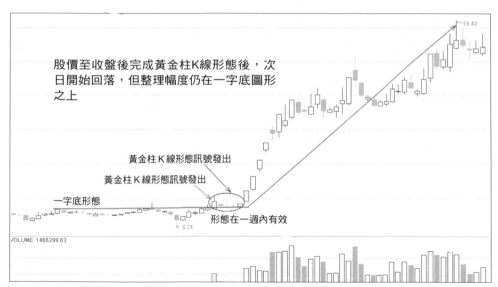

▲ 圖 5-7　天山股份（000877）日線走勢

黃金坑 K 線是變異形態，可把一些信念不堅定者在拉升前清理出去。這種震倉的目的是讓更多的人在高位接盤。

俗話說「事不過三」，股票市場也不例外，突破是上漲前的訊號，而回檔是確認。系統性風險沒有發生太大變化，個股完成一字底形態後，上漲的機率是極大的，並且會借助指數的力量加快上漲速度，這一點是肯定的。逆向拉升縱然冒著很大風險，但如果在強勢市場就會變得順理成章。

## 在關鍵點買入

綜合上述實例對照分析，黃金坑 K 線買入技法是以突破點為依據的，整理只是更加堅定了介入者的信念，讓介入者對未來股價上漲產生了更大的想像空間，之後會以更大漲幅來回報投資人。

請記住，強勢市場上漲速度和幅度，都以非常驚人的形式出現，所以，交易者必須要掌握這些技巧，以便於在實戰中抓住暴漲牛股，以下幾點須特別注意。

(1) 黃金柱 K 線本身就已經構成了拉升條件，無論次日股價是否會出現整理都應該果斷出擊，更何況整理也不在考慮範圍之內。實盤中必須打消猶豫不決的念頭，以事實為依據。假如有待次日整理時介入的想法，那將會失去喜鵲升天組合用法的真實意義。

(2) 訊號發出後，股價出現微調一天或是幾天，這都不在投資人控制範圍之內，也不必擔心它會發生什麼事情，需要做的就是等待增倉訊號發出，執行策略便可。那麼，何為增倉訊號？微調結束後再次上漲就會形成新的買點，見案例分析便可知。

(3) 所有操作必須建立在對一字底形態的研判基礎之上。它是決定性因素，對未來股價上升速度起決定性作用。

我們不僅要學會如何擒獲短線牛股的暴漲點，還要能夠把握持續上漲型個股的買賣點。黃金柱 K 線和黃金坑 K 線形態買入技法，是針對暴牛走勢類個股的制勝策略，而下文介紹的「凌波踏浪」，是追蹤和捕捉持續上漲型個股的交易策略，兩者有共同目的，但在策略上略有調整。

從操作意義上來說，當股價完成底部形態突破，進入一個持續而穩健的

上升趨勢，走勢不管有多強，其間都會出現整理。這也是為了更好、更長久的運行。

事實上，我們也沒有看過直線上漲而不進行回檔的股票。所以趨勢形成後，每逢股價向下回檔必會產生低點。這就是交易者需要掌握的實盤技巧，也是交易者們的最佳買入點。

# 5.1.3　「凌波踏浪形態」買入技法

與黃金 K 線組合技法形態不同的是，凌波踏浪形態買入技法針對的是，緩慢上升型的個股在運行中，出現回檔時產生的支撐和突破。形式上，該技術對應的形態像樓梯台階一樣，突破整理，整理之後再向上突破，到底會漲到那裡誰也說不清楚。

所以，實盤中若遇到這種形態的個股，把資金集中起來重點參與一兩檔股票，反覆操作後就會獲得較高收益，比每天跑短線的獲利要高很多。

如圖 5-8 所示，貴州茅台（600519）的股價長期處於上升走勢，即便是回檔也都在大軌道內運行。然而，每遇整理結束都會再次形成一波有力的上升行情，並且在趨勢運動中反覆出現突破、回測的走勢。在整個市場裡能有如此走勢實屬不易，背後一定有良好業績在支撐，否則根本無法形成這樣的走勢。

各種主力機構也偏愛這種股票。人性思維的變化已經決定了股價未來要走的方向，用錦上添花來形容它最合適不過，無論價格有多高，只要是在上漲就一定有人看得更高。相反地，期待雪中送炭的個股最後都變得無人問津，趨勢一路向下運行，即使你有改變的想法也是無能為力，只好在「買入停損，停損買入」的循環中。

這種股的特點是趨勢形成後，在買盤量不斷增加下，股價向下回測至前期高點處，便會再次上漲。這種走勢很有規律性，而且會成為推動股價持續上漲的原動力，觀望者也一定會在關鍵點出現時入場，因為在技術上沒有更準確的買點提供。

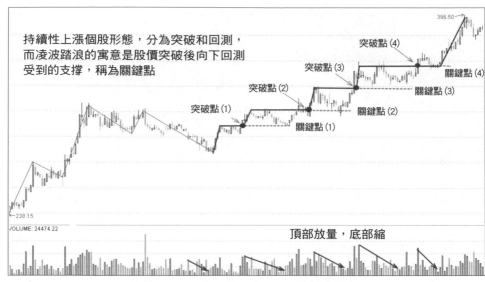

持續性上漲個股形態，分為突破和回測，
而凌波踏浪的寓意是股價突破後向下回測
受到的支撐，稱為關鍵點

突破點 (4)

突破點 (3)

突破點 (2)

突破點 (1)

關鍵點 (4)

關鍵點 (3)

關鍵點 (2)

關鍵點 (1)

396.50

238.15

VOLUME: 24474.22

頂部放量，底部縮

▲ 圖 5-8　貴州茅台（600519）研判方法

　　**凌波踏浪形態買入技法，是針對持續上漲型個股在回檔和突破時出現的買點機會的把握。**

　　如上圖所示，與價格走勢相反的是成交量變化。分析中，股價和成交量通常是以相互配合漲跌、共進退的形式出現，而凌波踏浪形態買入技法中價格與成交量，卻打破了常規分析：成交量與價格配合得並不完美，有時配合有序，有時反向背離但對趨勢運行沒有絲毫影響。高度控盤想怎麼玩就怎麼玩，400 元也行，600 元也無所謂，只要願意都能拉到天上去。

　　獨立運行的模式任市場如何變化，都改變不了它持續上升的方向。從另一個角度分析，也是價格回歸價值的過程。當前市場價格已經不再是關注的重點，價值驅動價格運行的生態模式，將成為未來一段時間內熱議的話題，也是股票投資的基礎。

## 買入技巧分析

當遇到波浪起伏的個股時，淩波踏浪形態買入技法是最好幫手。它不僅可以識別出股價突破點，還可以將回檔後的低點清晰地標示出來。如圖 5-9 所示，貴州茅台（600519）的股價向下回檔至飛機跑道訊號時，受到支撐開始啟動。

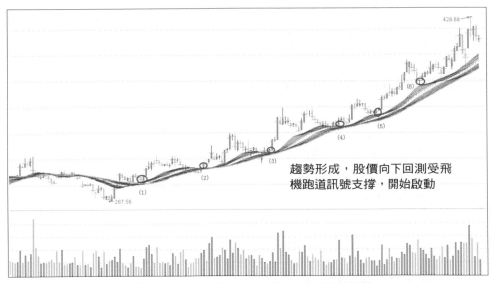

▲ 圖 5-9　貴州茅台（600519）淩波踏浪形態

淩波踏浪形態買入技法用飛機跑道訊號幫助完成交易，相應股票在擺脫指數影響後形成獨立走勢，且漲跌幅度都和其他一般性股票不一樣。

淩波踏浪形態的個股股價向上突破前期高點，並不是像其他股票個性那麼強烈，而是在創出新高後很快就選擇回檔，讓誤以為繼續上漲的投機者買在高位。有這種想法的買入者當然會中了主力的圈套，玩短線則很有可能在回檔時低價賣出，如果是這樣的話，那就正好驗證了股市裡常說的「追漲殺跌」，成全了主力，傷害了自己。

追漲殺跌不僅會影響投資人的心態，還會在操作上給投資人留下陰影，經歷的次數多了還會出現交易抑鬱，每每都會想起。因此，精確把握買點是

做好股票的一部分，凌波踏浪形態和飛機跑道訊號組合，專門針對擁有獨立走勢的長期上漲個股進行分析和追蹤，並在關鍵點提示買入。主觀分析及形態已經告訴投資人應該怎樣分析和辨別，而飛機跑道訊號又會幫助投資人順利完成交易，徹底解決了不會買、掌握不住強勢白馬股的問題。

飛機跑道的操作意義與原理為，趨向類指標和移動平均線有相似之處，但也有不同，即移動平均線為單線應用，而彩帶訊號是由兩條主線和多條輔線組成的，對股價反彈和回測有明確壓力和支撐提示，實操性更強。所以，在分析中可以清楚看到股價回測至彩帶主線，受到支撐就上漲的現象。

# 5.1.4 「神龍擺尾形態」買入技法

神龍擺尾形態的寓意是股價從底部開始，經歷龍頭、龍身和龍尾逐漸形成一波持續增強的上升行情。它的特徵是經歷吸籌、震倉再到拉升的整個過程，起步初期是能量蓄積，其次是邊拉升邊震倉的走勢，整理結束後是瘋狂大漲。因此，要重點參與暴漲階段，如圖 5-10 所示。

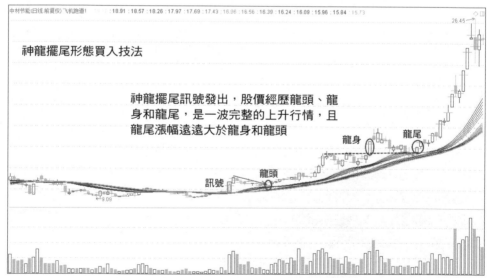

▲ 圖 5-10　中材節能（603126）日線走勢

　　這種形態特徵的股票，參與策略與短線交易型策略有所不同，原則上是放棄龍頭和龍身的操作機會，把重點放在龍尾部分（這時價格會甩起來）。原因是剛開始股價上升空間有限，雖然在穩步推進但與龍尾相比相差甚遠。

**神龍擺尾形態是從底部開始經歷龍頭、龍身和龍尾，逐漸形成一波持續增強的上升行情，越到尾部上漲速度越快。**

　　所以，當市場進入半強勢狀態以後，根據股票走勢特徵及時整理交易策略，把最適合階段性捕捉牛股的方法用在恰當的時間。換言之，如果我們在龍頭就開始買入，經歷小幅上漲在回檔點就很可能會賣出股票，甚至一走了之不再關注。帳面雖然已經贏得一定收益，但龍尾部分的獲利才是最驚人的。為此，要抓住更大級別的行情，就要參與龍尾。

　　那麼，如何區分龍頭、龍身和龍尾走勢？以下幾點可以回答這個問題，操作中依據原則進行即可。

　　⑴ 飛機跑道訊號黏合並向上發生，同時，股價在跑道彩帶之上。

　　⑵ 單日上漲 K 線超過 5%，為神龍擺尾形態成立的訊號。

　　⑶ 龍頭：訊號發出，股價向下回測至飛機跑道彩帶受到支撐，上漲時龍頭出現。

　　⑷ 龍身：股價向上突破訊號高點，進入龍身，其間升幅或高或底，但都不影響後期走勢運行。

　　⑸ 龍尾：股價自龍身高點向下回測，至飛機跑道彩帶受到支撐，上漲時龍尾出現。

　　如圖 5-10 所示，中材節能（603126）的股價在整理期間，飛機跑道訊號呈走平黏合狀，待神龍擺尾訊號發出開始向上發散。根據分析和買入原則，單日上漲超過 5% 可確立形態完成，之後出現第一次回落並受到跑道支撐，形成龍頭，依次突破高點後第二次回落為龍身。

　　這期間升幅或高或低都不影響未來股價走勢。但可以判定的是上漲勢頭即將進入加速階段，也是神龍擺尾形態最重要的時候，第三次回測受到支撐便是最好的入場時機。

### 買入技巧分析

　　買股票既是技巧也是藝術，操作不好的原因是價格走勢變化莫測，不僅個性上存在差異，還和指數強弱運行有直接關係。市場情緒在這個階段表現溫和，又在另一個階段表現激進，循環往復是投資人操作中的難點之一。因此，神龍擺尾形態是從主力築底期間，就開始利用飛機跑道訊號進行追蹤，平走或向上代表做多意願逐漸增強，而彩帶向上發散說明價格正在進入加速上漲階段。

　　如圖 5-11 所示，茂業商業（600828）的股價於 2017 年 2 月 21 日上漲5.19% 穿越飛機跑道發出訊號，說明主力要有所行動，後期一定還會有龍頭出現。果不其然，股價開始向下運行連續整理數日後，於 2017 年 3 月 7 日受到支撐開始上漲，預示神龍開始抬頭，未來走勢將朝右上方移動。

　　然而，這些不過是對未來股價走勢的預判，股價形成神龍擺尾形態就會按照既定策略運行。龍頭表示方向發生轉變，龍身告訴交易者主力還會進行一次震倉，唯有等到龍尾訊號出現，才是最佳買入點。

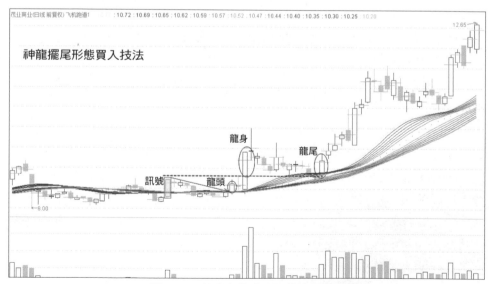

▲ 圖 5-11　茂業商業（600828）日線走勢

　　神龍擺尾訊號代表主力試盤行為，龍頭代表股價運行方向已經發生轉變，龍身是突破後的震倉，回測受到支撐便是龍尾的啟動點。

　　那麼，怎樣找到這種形態的個股，並依據規則參與呢？假如您具備一點選股能力的話，完成這項工作是非常容易的。如果您只是一個剛踏進股市的新人，建議先學習技術分析趨勢研判，當對分析未來價格走勢的方法略知一二後，就可以利用前文在「喜鵲升天選股策略」中給出的條件，設置均線系統的選股，只要是多頭排列就會找到想要的白馬股。

## 5.1.5 「白馬升天形態」買入技法

　　白馬升天組合技法，是一種針對潛伏的個股暴漲點的交易策略，當5個條件滿足後，就可以大舉建倉，並享受未來股價騰飛帶來的快感。所以，圖5-12中的五個條件是一個完整的組合，當一檔股票同時滿足五個條件時，就可以重倉參與。

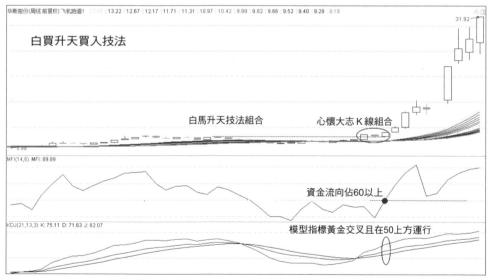

▲ 圖 5-12　華斯股份（002494）日線走勢

　　**白馬升天操盤技法，能準確地將有主力潛伏的個股挖掘出來，並在暴漲之前發出訊號，提示投資人入場。**

　　該技法不同於前文所講解的 4 種技法，其把分析週期切換到週 K 線上，當一檔股票同時滿足五個條件時，就會形成關鍵點。白馬升天組合技法的買入條件如下。

　　(1) 股價站飛機跑道訊號之上。

　　(2) K 線形態出現心懷大志組合。

　　(3) 資金流向指標佔 60 以上。

　　(4) KDJ 模型指標黃金交叉且佔 50 以上。

　　(5) K 線組合形態站前期高點之上。

## 形態成立 5 大條件

　　(1) 飛機跑道訊號是一個能夠提示未來走勢方向的指標。股價經歷下降以後，該指標走平並黏合預示階段性底部已經成立。根據市場走勢狀況，股價隨時都有啟動的可能。所以，飛機跑道訊號可以稱之為投資明燈。

　　(2) 心懷大志 K 線組合是股價啟動的訊號，由三根 K 線組成。第一根為中性陽線，第二根為小陰線或十字星 K 線，第三根為中性陽線或大陽線，且第二根 K 線整理範圍要在第一根 K 線的 1/2 以上，第三根 K 線突破第一根 K 線實體價，形態成立。

　　(3) MFI 資金流向指標佔 60 以上，說明外盤資金正在逐步流入，對後期股價上漲有推波助瀾的作用。

　　(4) KDJ 模型指標黃金交叉佔 50 數值以上，說明股票在底部蓄積能量已經具備上漲條件，有一種飛機起飛時打開渦輪增壓的態勢，也就是說隨時都會出現暴漲。

　　(5) 心懷大志 K 線組合形態站在前期高點之上，是一種大形態分析。主力在拉升前完全掃除了所有障礙，從吸籌、震倉、清籌、增資到拉升等，整個過程的計畫相當周密，並且一定是在大盤看好時行動，如此更有利於快速套現。

## 買入技法分析

　　由技術形態分析，心懷大志 K 線組合完成，並站在前期高點之上。此時便發出入場訊號。如圖 5-13 所示，漢鐘精機（002158）的股價啟動訊號是 K 線組合確認。次日，股價下探並再次受到前高點支撐，形成一股有利的上漲態勢，而且第二根 K 線整理範圍也在第一根 K 線實體 1/2 以上，符合條件。

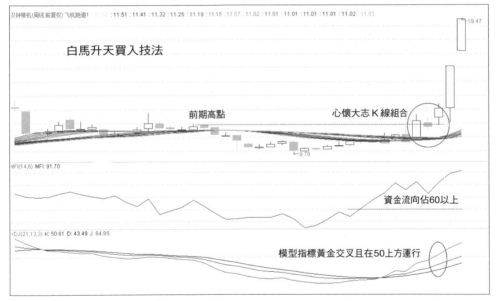

▲ 圖 5-13　漢鐘精機（002158）日線走勢

　　白馬升天買入技法中，當一檔股票走勢出現心懷大志 K 線形態，並突破前期高點，與此同時，還滿足其他三個條件，便是最佳入場點。

　　當飛機跑道訊號已經從走平轉為向右上方移動，資金流向指標早已佔 60 上方，簡言之，在啟動訊號還未發出以前，大主力資金就開始入場，否則達不到拉升要求。

　　此外，KDJ 模型指標也在底部黃金交叉，並向上穿越 50 數值以上，說明股價上漲動能十足隨時都會爆發。實踐證明的確如此，圖 5-13 中的漢鐘

精機自訊號發出，短短兩週時間股價漲幅就高達 75%，是名副其實的白馬股。

　　需要注意的是，週線具有分析作用，而日線才是買入的依據。研判 K線組合形態是否成立，投資人可以自行研究，一旦出現一個具有壓力和支撐的價格，突破便告形態完成。

第 10 堂課

# 掌握分時關鍵點──
# 3 種形態分析

　　學習完日線交易策略後，讀者可以把視角轉到分時關鍵點買賣上。不管怎樣，我們都要經歷這一步，盤後分析、盤中交易只是針對那些業餘投資愛好者的，對於職業投資人來說要力求做到最好，尤其當市場處於整理或者是下降走勢階段時，分時關鍵點的買賣將變得十分重要。因為在一個窄幅運動空間內，想要賺取更多收益需要付出很大的努力。

　　不同的人有不同的操作習慣，比如有人傾向於對上升趨勢的追隨，因為喜歡那種買了就漲的感覺。這種人若買入的某檔股票 3 天內都不上漲，無論它將來會漲到哪裡都會果斷把它賣掉。在這種交易策略中只有一條準則，那就是「永遠只做正在上漲的股票」。技術分析並沒有把日線和分時區分開來，而是在研判中找到時間和空間的共振點，即日線滿足條件，分時上又發出買入訊號，這便是關鍵點的所在之處。

　　本節經由一些分時常見形態和案例，對實盤中可能發生的問題進行講解。

## 5.2.1　盤面常見的 3 種形態分析

　　與日線不同的是，盤面分析結果對未來股價走勢產生的作用有局限性。這和選擇短線交易有直接關係，假如，把某種底部和頂部形態放到日線或者是週線上，產生的影響就大不同了。因此，分時買賣點主要是以短線投機為主，能夠真正具有作用的一般都在 3 天，最長也不會超過 1 週，所以操作中

要理解短線投機的弊端。當然，如果是在力所能及範圍之內，玩玩短線也是不錯的，尤其在整理市場中，短線所能帶來的獲利也很可觀。

## 1. 頭肩底形態

　　該形態由左肩、右肩和頭部組成，類似人體倒立的圖形，一般情況下右肩要高於左肩，這樣更能證明主力拉升意願。

　　分時走勢中，4 個小時下來會有幾種形態演變，無論出現在上午或是下午，它們對未來股價運行都具有輻射作用。如圖 5-14 所示，中遠海特（600428）的股價於 2017 年 3 月 23 日盤中形成的頭肩底走勢。需注意的是研判方法沒有週期限制，只要形態成立便是買入機會。

　　如圖 5-14，先是經歷一波向下賣出，探底時底部出現連續大單買入，將價格快速拉回並至左肩處，回測受到支撐形成右肩，無論是從成交量方面還是從走勢分析，都構築了一個非常標準的頭肩底形態。依據形態買入原則，至頸線位受到支撐，以 7.03 元的價格買入，之後便重回升勢。

　　當然，投資人缺乏操盤能力時會對此有所顧慮，但是若有一定的研判能力，這時便可果斷出手。自信來自知識的積累，這些都不是一朝一夕就可以做到的。它需要一個漫長的交易過程，沒有 10 年甚至 20 年的經歷，根本感悟不到。

　　理論與實踐是兩個不同的概念，理論是學術研究，而實踐才有真實感悟。操盤是個靈活變通的工作，如果沒有親身經歷無法精確掌握細節，更談不上什麼交易感想。短線投機就是發揮這項技能的最好時機。

　　那麼，短線買入的訊號是什麼？是分時成交量與價格的背離，如圖 5-14 所示，價格探底，成交量密集放大。這種情況是主力正在大舉建倉，形態完成，訊號出現，此後股價便會快速拉升。

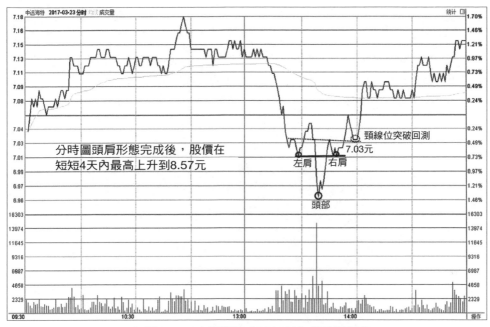

分時圖頭肩形態完成後，股價在
短短4天內最高上升到8.57元

頸線位突破回測
7.03元

左肩　右肩

頭部

▲ 圖 5-14　中遠海特（600428）分時頭肩底

分時走勢中演繹的頭肩底形態，對未來股價的影響，通常輻射範圍在 3 天至 5 天，若超過 3 天，它的作用會越來越小。

那麼，分時頭肩底形態對短期股價有著怎樣的影響？從字面上理解，頭肩底形態成立表示股價進入底部（短期或中期），它的判斷標準來自對週期的選擇。

如圖 5-15 所示，中遠海特（600428）於 2017 年 3 月 23 日下午盤中形成頭肩底底部形態，並在 7.03 元提示買入，收盤 7.15 元，小幅上漲。次日開盤股價出現一波下探，之後便快速拉升，至收盤上漲 5.87% 突破日線小整理平台。依據分時走勢，分析底部形態對未來走勢產生影響的時間，一般在 3 天，通常不超過 5 天，而圖 5-15 的該股在第 4 天盤中出現漲停打開，預示上漲動能開始衰竭，接下來將進入滯漲或回落走勢。

從以下兩個方面，可以判定股價短期見頂。

(1) 股價跳空開高走高，早盤快速上漲至漲停，然而因封單數量有限未

能持續，轉而向下。午後開盤雖然二度衝擊漲停，但不能如願還是轉而下跌。

⑵衝擊漲停時都會放出大量，這基本上可以判定是主力在出貨，否則漲停板就不可能打開，之所以會打開是因賣盤嚴重所致。因此，實盤中若遇到這種情況，應及時果斷做出決定。

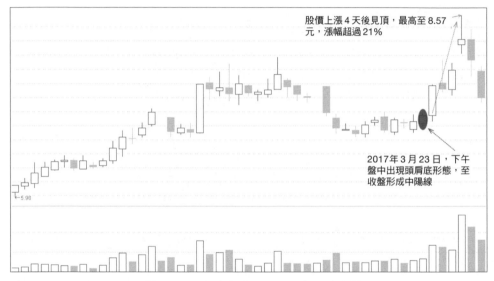

股價上漲 4 天後見頂，最高至 8.57 元，漲幅超過 21%

2017年 3 月 23 日，下午盤中出現頭肩底形態，至收盤形成中陽線

5.98

▲ 圖 5-15　中遠海特（600428）日線走勢

短線投機持股時間一般都在 3 天左右，是交易者所能接受的範圍，假如超出這個時間就會煩躁不安，所以，按照規則交易才能做到心中有數，並逐漸提高交易技能。

## 2. 快漲慢回形態

該形態是股價在分時圖形上的一種運動形式，也是盤面多空雙方交易的結果。這一切都會在走勢中表現出來，不過除非是專業投資人，否則很少會引起投資人的注意。該形態的特徵是：拉升速度較快，回檔速度很慢，且都維持在一個平台區間，明顯不讓散戶在低價搶到籌碼。假如你能看懂主力的

用意，那一定可以賺得飽飽。

　　如圖 5-16 所示，東晶電子（002199）於 2017 年 2 月 24 日盤中形成快漲慢回走勢形態，與成交量配合得相當到位。這時股價上漲放量、回檔縮量，明顯是不想讓散戶搶到廉價籌碼。實盤中若有類似形態的個股，短線便可以參與。不過請注意，時間通常不超過 5 天，且越往後產生的影響就越小。

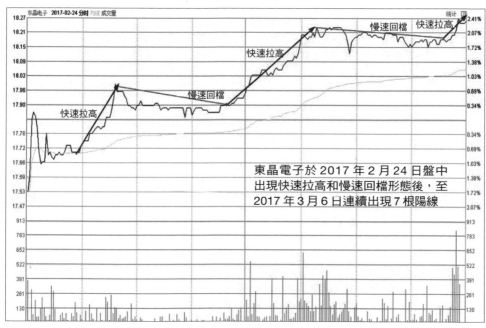

▲ 圖 5-16　東晶電子（002199）分時快漲慢回形態

　　**快漲慢回形態是主力拉升前在盤中吸籌時的一種運動形式，也是盤面多空雙方交易的結果。**盤中出現此種形態，基本可以判斷是拉升前奏。原因是上一交易日股價走勢微妙，有破位下跌的假象，所以，次日探底將低位籌碼一掃而光的行為，就已經暴露了主力的真實意圖。

　　事實證明，這種邏輯推理分析是正確的。該形態下，大單買入將股價快速拉高，然後進行緩慢整理，走勢上形成類似階梯的運行方式。如圖 5-17 所示，東晶電子（002199）於 2017 年 2 月 24 日收盤完成一根帶有下影線的

光頭中陽，而且量能比之前放大一倍，技術上日線也同時發出訊號，如果次日上漲高於實體部分，就是比較穩妥的入場點。

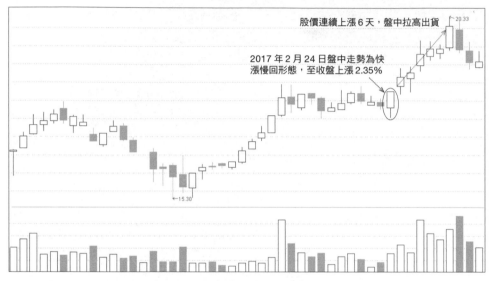

股價連續上漲 6 天，盤中拉高出貨

20.33

2017 年 2 月 24 日盤中走勢為快漲慢回形態，至收盤上漲 2.35%

←15.30

▲ 圖 5-17　東晶電子（002199）日線走勢

　　分時出現快漲慢回形態時，若收盤能完成一根帶有下影線的光頭中陽，則在技術上，日線也同時發出上漲訊號。

　　股價沿上升趨勢運行，當遇整理結束時，盤中出現快漲慢回形態，且於收盤 18.26 元發出訊號，之後股價連續上漲 6 天，最高至 20.33 元。

## 3. 淩波微步形態

　　該形態下，盤中走勢緩慢運行，股價圍繞均價線上下波動受到支撐上漲，但幅度有限，多為震盪。如圖 5-18 所示，恒順眾昇（300208）於 2017 年 4 月 5 日形成淩波微步形態。從盤面上幾乎看不出有什麼特別之處，但配合技術指標一起使用就會有新的發現。價格站均價線之上，每次回測都會受到支撐，且分時 CCI 指標（順勢指標）數值在 -150 以下勾頭，預示低點支撐有效，接下來將有向上的可能。

事實上，根據圖表分析淩波漫步形態成立的條件為：股價站上均價線之上且乖離率較小；CCI 技術指標在 -150 以下勾頭，表示短期下跌動能基本上釋放完成，具備反彈條件。

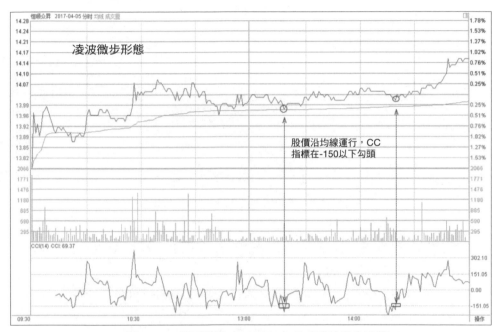

▲ 圖 5-18　恒順眾昇（300208）分時淩波微步形態

**淩波微步是分時走勢中的研判技巧和買點把握，當股價由上至下運行在均價線附近受到支撐，和 CCI 技術指標在 -150 以下勾頭，預示低點已經形成，短期入場條件滿足，可以介入。**

把握盤中買點是對投資人綜合素質的考驗，既包括對日線走勢精確的判斷，也要有分時操作的果敢，兩者結合才能做得更好。

那麼，按照淩波微步形態提示買入，股價將怎樣運行？從圖 5-19 中的日線走勢上看到，入場時股價正好處在低點，之後連續幾日反彈，基本上抄了主力的底。因此，根據投機規則，短線交易時間一般在第 3 天～第 5 天有效，而股價實際運行在第 4 天開始出現動能衰竭，未創新高就要考慮獲利出場。

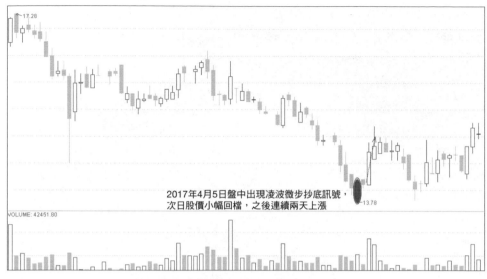

2017年4月5日盤中出現淩波微步抄底訊號，
次日股價小幅回檔，之後連續兩天上漲

VOLUME: 42451.80

▲ 圖 5-19　恒順眾昇（300208）日線走勢

　　淩波微步形態下，股價可出現連續 3 天的上漲，若上漲動能出現衰竭時還未創新高，那就可以離場。

　　短線投機有利則贏，不要奢求太多。短線投機的持倉時間不能太長，超出範圍很可能會虧損。

## 5.2.2　盤面操作要點

　　上述內容是對分時走勢中常見幾種形態進行研判，並利用各種形態條件在盤中買入股票。盤面交易是以換手率為依據，確定股價是否開始進入暴牛拉升期的手段。通常，實盤中都離不開換手與價格的驗證。這裡我們把相關的驗證稱作「股價與換手率之間的背離」，則更容易理解。

　　(1) 股票短期能否快速上漲，有一個非常重要條件，即股價與換手率之間的背離，若投資人能把握好此條件則有連續抓漲停的可能。有時，你會發現股價下跌或微幅整理，而換手率上午兩小時就達到 5% 甚至更高。這與實際走勢完全不符，特別是在形態突破或受到支撐時，股價爆發力將會更強。

　　(2) 當下遊資主導的市場中，有些傳統分析手段開始退出交易市場，而新興操盤技術則會成為投機市場的主力軍。因此，務必記住以下幾點。

　　① 選擇投資標的時，股本不可太大，否則不利於短線交易，一般選擇在 20 億內為最佳。

　　② 要達到獲利，需要找市場熱點，或即將成為熱點中的龍頭個股。如此更容易連續漲停，漲跌幅排名會協助你完成。

　　③ 行情啟動時必須用換手率來驗證，股價盤中微幅波段，而換手率快速增加，上午兩小時換手率在 5%~8% 即為合理。若股價有所異動而換手率未能達到條件，則多數情況是都是主力在試盤，連續拉升的可能性較小，可以不必理會。

## 自我測驗

　　閱讀完本章內容後，讀者應能回答以下問題。

1. 應該如何把握日線關鍵點？當指數進入滯漲階段，從哪個角度分析可以找到關鍵點？

2. 5 種交易戰法的核心要點分別是什麼？它們在實盤交易中可以解決投資人哪些問題，注意事項是什麼？

3. 盤面常見形態應該怎樣處理和應對？假如形態成立，是不是就可以無所顧忌地買入？

4. 短線交易為何將持股時間定位在 3~5 天？假如持股時間超過 1 週，又將產生什麼結果？

# 1 分鐘重點複習

- **瞭解**：指數階段性運行變化並做出應對策略。投資成功有很大一部分原因是來自大盤上漲，假如市場走勢從強勢轉向半強勢市場，操作後收益率不增反減，執行中若交易規則沒有問題，那一定是市場出了問題，因此還有離場的機會，應該把風險擺在重要位置，而後求勝。

- **理解**：價格運行的規律。價格運行自有規律，若賺錢效果逐漸降低，是參與者入市和醒悟的時間太晚，未能在列車加速時乘坐，但絕不能因為沒有趕上，而在即將到終點站時勉強自己，導致適得其反。

- **掌握**：5 種戰法和 3 種形態。這是上升趨勢交易的重點，本章用實盤中的真實案例分析，展現短線擒暴牛的技巧。務必掌握這些技巧，它們的價值遠遠不只停留在現有技術層面上，而是會隨著投資人功力的提升，產生更多新的感悟。

NOTE

Part **6**
# 高點到了怎麼看穿呢？
# 從主力拉升、出貨的細節……

一個完整的交易策略是「從股價底部，經歷上升中繼，然後到頂部出貨」的全部過程。然而，在這個順序中，人們往往會忽略一些細節，交易中出現的問題也就不容易解開了。

　　此外，在上升趨勢中，到底應該怎樣操作才能將獲利最大化？本章利用個股與指數間的對照分析，可在不同階段走勢中找出強於大盤的個股，結合形態完成在關鍵點的買入操作。

　　但一種方法未必能夠滿足所有投資人要求。因此，在技術核心不變的基礎上，可以根據自身喜好來建立交易系統，並以此作為買賣股票的依據。

第 11 堂課

# 上升趨勢的操作要領

　　一般情況下，個股股價必然會出現滯漲、築頂和下降幾個過程。縱然投資人在上升市場中賺飽，若不能保證獲利落袋，也可能在下降市場被打得體無完膚。這似乎已經成為規律，能夠生存下來的人都很不簡單，且一定有過人的本領。

　　股票市場沒有新鮮事也沒有簡單事，能把複雜問題簡單化就是贏家。紙上談兵和故弄玄虛對實際交易沒有任何幫助，投資人需要真實、有效的方法。市場裡存在很多不做股票的「大師」，分析起來頭頭是道，但實際操作還不如一個入市只有兩年的新人。

　　在網路高度發展的時代，獲取資訊的途徑已經多樣化，但訊息的時效性和真實性卻常遭到質疑。近兩年來假消息頻出，阻礙了證券市場秩序的有序發展。

　　「上升市場容易賺錢」幾乎是所有參與者一致認可的觀點，那麼如何才能將獲利最大化，以及在築頂期間迴避空頭設下的陷阱，就成為這個階段最重要的事情。否則一步走錯滿盤皆輸，辛苦積累起來的財富如沙漠裡的小土屋，大風一刮就會瞬間坍塌，那種感受想必很多人都經歷過。這時有人會感嘆股市到底怎麼了，我們又應該怎麼辦？

　　不具有基本炒股能力的人，都曾遭受慘痛教訓，這時就突顯了學習技術的重要性。假如能在指數見頂時離場，或者是在見底時入場，把握好中繼上升行情，那麼很多操作問題便可以被解決。沒錯，「做到老學到老」同樣適用於股票市場。

# 6.1.1　上升趨勢中如何買入股票？

　　股價從下降轉為橫向整理並結束，通常就會進入上升趨勢。不過，此時只是初期上漲階段，股價一般都以緩慢震盪上行為主，而這不容易激起場外投資人的購買欲，所以這個時候賺錢效應不明顯。

　　大多數個股都在築底階段，所以震盪修復是常見形態。主力的目的是經由低位震倉的方式，把廉價籌碼收集到自己手裡，如果不能順利獲得籌碼，主力就延長整理時間，或繼續下探，總之搶到籌碼才是根本。

　　那麼，一般投資人應該怎樣操作？從追求絕對收益角度出發，此時並不是中線持股的最好時期，實踐中應該朝短線低買高賣著手，就如我們在第2章和第3章中講到的，利用規則尋找股價低點和高點，賺取差價，因為此時還無法確定整理時間何時結束，所以這便是最好的策略。

　　理論上這種走勢沒有特定時間限制，可長可短，與政策、經濟和技術分析有直接關係。倘若消息面偏向多頭並得到認可，價格自然會向上運行；反之，低迷走勢還將持續。俗話說「弱者續弱，強者恆強」，股市裡的羊群效應產生在趨勢的中繼和末期。當股票價格上漲消息遍布大街小巷時，或許連馬路邊擦鞋童都有進入股市的衝動；相反地，市場低迷時，股市好像一下從人間蒸發一樣，沒有人提起也不願意提起。

　　所以，當未來趨勢還不明朗時，應保持謹慎態度。在底部修復階段，走勢反覆無常，很多專業人士心中也存有疑慮。這時走一步看一步，是一般投資人的想法，寧可把資金閒置也不敢貿然進場。

　　趨勢轉捩點是在整理結束，且底部形態構築完成時。再經過一波拉升之後，股價才會正式開啟上升模式。圖 6-1 所示為上證指數日線走勢圖，股價自 2016 年 10 月 18 日當天上漲 42.71 點，向上突破下降趨勢線後運行方向發生轉變。而之前都屬於下降趨勢，進入末端股價開始構築底部。

　　圖 6-1 中，指數回檔進入末期，形成階段性底部，反覆運動之後向上突破下降趨勢線，正式開啟上升模式。

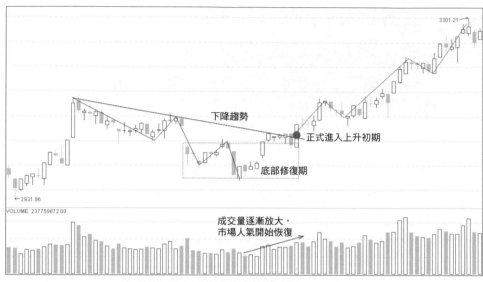

▲ 圖 6-1　上證指數日線走勢圖

　　請記住，任何走勢結束都有一個驗證的標準，確認以後新的趨勢才可以有序進行，否則走勢依然偏向阻力較小一方。圖 6-1 中黑點標示處，便是指數從弱勢逐漸向強勢轉變的關鍵點。此時有很多個股已經進入上升趨勢，需要投資去找到這些正在進入強勢狀態的個股，唯有如此才能在操作中跑贏大盤。

　　判斷指數運行方向，只是完成買入股票的第一步。沒有「輕大盤、重個股」這一說，它只是人為的思想偏差，僅代表一個時間段有投機可能性，不代表能不管大盤做個股。這不科學、也沒有任何數據支撐，實踐中也根本無法構成真正的買入依據。

　　投資是一項持續而穩健的工作，對政策導向，宏觀、微觀經濟狀況和投資者的喜好，都要經過分析判斷以後才能得出結論。例如，圖 6-1 可以告訴我們未來市場將走向何方，而圖 6-2 的對比方式，能帶交易者找到帶動指數上漲的個股，把兩者進行對照分析，便會從走勢中發現買入股票的依據。

　　我們從圖 6-2 可以得出的結論是，此個股的走勢明顯強於指數，而且是先於指數突破前期高點。

統計數據顯示，先於指數突破並進入上升趨勢的個股，後期漲幅一般遠遠超過大盤。

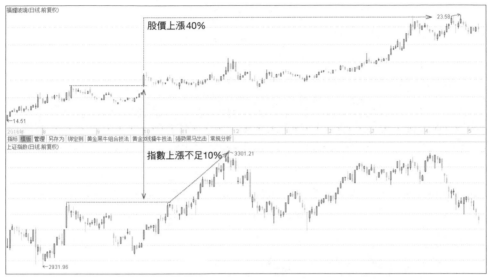

▲ 圖 6-2　上證指數與福耀玻璃走勢對照分析

**選擇投機標的時，堅守一個原則在收益上就不會太差。強勢個股往往先於指數啟動，或先於指數退潮。**歷史上的這一規律並未被時代淘汰，而是越來更有效。至今，能讓獲利跑贏大盤的可能，基本上都遵循這個原則。換言之，投資人若操作的是股票，個股就一定要強於指數，這是技巧。

交易中無功而返者比比皆是，其原因是還未掌握股價運動規律，以及怎樣在恰當時選出先於指數走強的個股。要麼買入不漲，要麼一買就套，總有一種被主力牽著鼻子走的感覺，或者等你賣出股票就直線上升，甚是鬱悶。那麼，如何進行指數與個股，或個股與板塊對照分析呢？

成功有方法，失敗有原因。任何一位成功投資人都有屬於他個人的特性和技巧。就股票操作而言，除了個人文化屬性以外，很重要的原因是對股價運動規律的掌握。時間和空間往往會在突發事件到來前，用背離的方式公示出來，然而，這一點通常又不被人們發現。

## 6.1.2 　買入後怎樣持股和追蹤更有效？

　　股市中的「徒弟和師傅論」永遠爭論不休：有人說會買的是徒弟，會賣的是師傅；也有人說會買的是師傅，會賣的是徒弟。但其實，白貓黑貓，能抓住老鼠就是好貓，玩得再神秘，實踐中拿不到預期的獲利目標也是白搭。股市裡沒有專家，只有贏家和輸家。

　　買入一檔股票從上升初期、中期，然後到末期，完整的操作需要一個清晰的邏輯思維和嚴謹的操盤策略。這不僅是單一的技術，更多是戰略智慧的展現。如果只是技巧的話，那全天下投資人用的方法都大同小異，理論上沒有什麼特別之處，不外乎就是一些參數的設置，除此，你還能找到比這更新鮮的東西嗎？

　　因此，股市裡沒有新鮮事，若基本功扎實，用一條簡單趨勢線就可以解決買賣問題；反之，不能理解價格波動原理，即便擁有再好的工具，也很難達到超出能力以外的效果。樹立正確交易觀念極為重要，因為它將決定你一生的投資意義。無論是買入還是賣出都要做到有理有據，也是提高炒股水準的唯一辦法。

　　有多少人操作股票是靠憑空想象或是道聽途說？但最後還是自己得為錯誤買單。用一句話來概括：「股市裡沒有救世主，只能自己救自己」。除了意識到自身的不足並改變，誰都幫不了你。買一條魚只能吃一時，若學會了捕魚的方法可以受益一輩子。投資人需要從基本功練起，掌握交易核心技術，在實踐中慢慢積累經驗，以便形成一套完整的交易體系。

　　順延趨勢交易中，以下三種形態揭示了股價擺動方向。

　　(1) 緩慢上升，陰陽交錯逐步推動股價向右上方移動，被業內稱作是慢牛走勢。

　　(2) 擺動上升，大起大落地波段運行，如雙軌交易戰法中的走勢。

　　(3) 漲跌無序，暴漲暴跌成為常態，類似瘋牛跨欄和喜鵲升天擒牛戰法捕捉的股票。前文對此已有詳細講解，並且針對不同市場環境做了配套預案，操作時根據實際走勢運用即可。

　　然而，這裡要說的深入一點，也就是指數經歷下跌以後，絕大多數個股

形態已經被打得面目全非，想重新修復並找到買賣點，在分析時會有視覺障礙。如果按照本節思路，把個股與指數進行對照分析，在大盤止跌或剛開始向上運行時買入股票，那一定會是強勢且持續時間長的個股。

　　實盤中，要根據股價波動大小，選擇一套對應策略來追蹤或持有。如圖6-3所示，北新路橋（002307）的股價突破下降趨勢，於2017年1月24日向下回測並確認，短暫整理後受飛機跑道訊號支撐開始上漲。與此同時，成交量也較之前有所放大，技術上符合價增量增、價減量縮的要求。

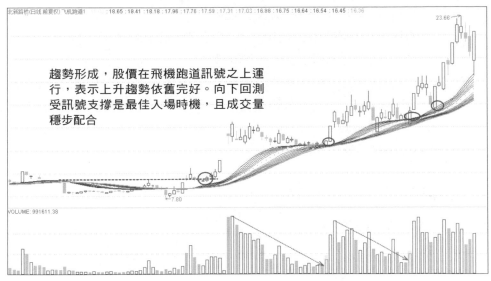

▲ 圖 6-3　北新路橋（002307）日線走勢

　　若趨勢已經發生轉變，那麼從以下幾個方面可以判斷關鍵點的位置。

　　(1) 股價突破整理平台高點，飛機跑道訊號在底部黏合並向上發散，是看漲訊號。

　　(2) 價量配合有序，突破放量，回測縮量，是主力拉升前的做多訊號，而且下跌受到支撐。

　　股價突破或回測時形成關鍵買入點，只要趨勢未發生轉變，無論漲到哪裡都堅持一個原則，那就是持股。

　　**股價突破整理平台高點並站飛機跑道彩帶之上，每一次向下回測，受到支撐都會是一個階段性低點。這時與地量結合後，分析判斷的結果會更準確。**

　　堅定持股信念需要戰略戰術的配合，具體可參照以下兩點。

　　(1) 個股趨勢看好，上升動能未出現減弱跡象（股價出現滯漲不創新高時，便視為減弱或頂部），仍在飛機跑道訊號之上，就具備持股條件。

　　(2) 概念板塊裡的龍頭股，比如圖 6-4 中的該股屬於土木工程建築業，新疆區域振興，在戰略上具備長期走牛的潛質。兩者結合，既有戰略基礎的穩固，也有戰術上的確認，堅持持股又何懼？

　　圖中的股價走勢明顯強於指數，從底部突破就已經形成了強勢上升格局，所以，接下來逆勢上漲也就不足為奇了。

　　有經驗的投資人都知道逆勢持股風險要高於順勢，處理得不好就會陷入被動局面，當然也不排除主力控盤在高位作秀的可能。這些已經是操作中最難的環節，對交易者綜合能力要求極高，所以一個完整的操作應該是從買入、持股到賣出的過程，不能只用一個點來評估。

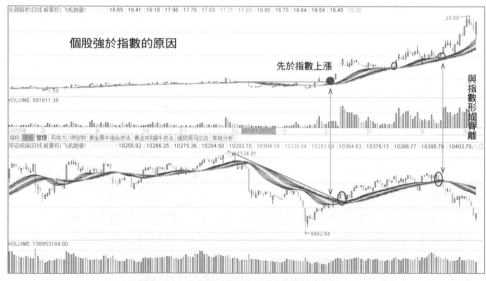

▲ 圖 6-4　北新路橋與深圳成指對照分析

# 6.1.3 該「下車」的警訊是什麼？

不管怎樣，這一步必須經歷，也許在某個時段我們很不願意看到這一幕，可它畢竟是交易中的一分子。實際操作中，人們更喜歡在小幅獲利後和虧損到極致時才賣出股票，好像這已經成為習慣。因此，可以看到股票市場裡有一種現象，無論時代怎樣進步都不會改變，那便是獲利後快速賣出股票，虧損後又死抱著不放，堅持持股。

## 逆勢操作是交易的大忌

那麼，怎樣操作才能避免這樣的事重複發生呢？我們都一直在強調規則，賣出也是一樣。如圖 6-5 所示，冀凱股份（002691）的股價從上升趨勢到整理走勢，先是一波逆勢上揚，而後跌破飛機跑道離場訊號出現，這一切好像與指數並無直接關係。走勢中個股特徵強於指數，下降又弱於指數，實際操作應以哪一點為準呢？

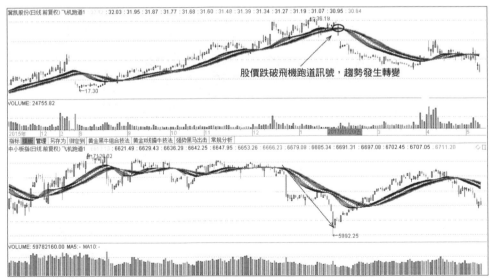

▲ 圖 6-5　冀凱股份（002691）日線走勢

　　根據交易規則提示，個股與指數形成頂部背離後的操作為，個股趨勢走壞時，無論結果如何都必須出場。

　　再需要注意的是，個股賣出的依據除了特定交易規則外，指數可以發揮參考和預警作用。下降走勢形成，個股逆向運行，不管是主力還是散戶，風險壓力都非常大。

　　系統性風險一旦來臨，任何個體都無法改變，而逆市操作是交易中的大忌：趨勢上升賺錢尚不容易，更何況下降，跌幅超過指數的比比皆是。所以，當兩個賣出條件滿足時，就不應該去考慮如何獲利的問題，而是要及時了結，否則前期的獲利也會付諸東流。

## 賣出要牢記的 2 點

　　關鍵時刻能夠巧妙應對並不是什麼高超技術，高超的是能把交易紀律不折不扣地執行下去。如圖 6-6 所示，該股的股價走勢明顯強於指數，其向上突破整理平台時，對應指數卻受到前期高點壓制未能順利突破，之後轉而向下且帶動個股回落，技術上成同步運行。

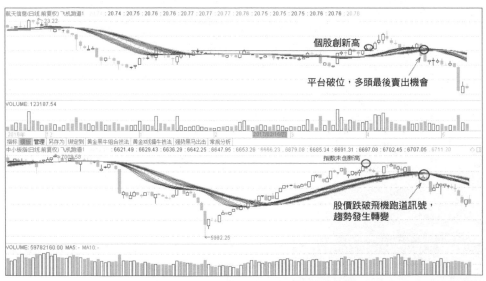

▲ 圖 6-6　航天信息（600271）日線走勢

　　對照分析可以發現，即便是正在走強的個股，經歷指數逐漸轉弱和進入下降的過程，都會受持續賣盤影響，最終改變運行方向。

　　執行賣出原則時，投資人必須牢記以下兩點。

　　(1) 指數趨勢看好時偏向個股，待訊號明確出現後離場。

　　(2) 指數滯漲或轉而下降，操作上應偏向指數一方，根據盤面變化可以提前賣出。趨勢破位是多頭最後一道防線，逆勢上漲一旦結束，回檔將是快速的，且支撐力道非常有限。如果錯失良機，接下來要面對的是難以預估的風險，對此，不能有任何幻想。

　　支撐與壓力要客觀分析，貼近市場實際走勢才是最重要的。若固執己見，在指數連續出現下跌還依靠支撐來操作股票，那就太自欺欺人了；反之，當市場大好時，還懷疑前高點能否突破，不僅給持股帶來障礙，也無法順利完成交易。因此，交易時靈活應對才是明智之舉。

　　那麼，順利完成一檔股票的交易策略應該是什麼？其實，買入訊號成立就已經給未來走勢埋下了伏筆，只需要把符合價格運動規律的操盤工具用在追蹤上，就可以輕鬆完成這項任務，如圖 6-7 所示。

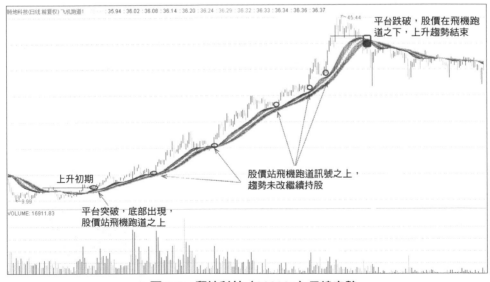

▲ 圖 6-7　顧地科技（002694）日線走勢

投資人利用操盤工具（飛機跑道訊號提示買入、持股和賣出）判斷趨勢，只要趨勢看好，就應該堅定持股。

根據操作思路，首先應對底部確認。如圖 6-7 所示，該股股價築底完成，價格突破整理平台的前高點後回測，結束橫盤運動趨勢，正式開啟上升模式，並在 2016 年 3 月 29 日以收盤價 12.22 元提示買入。之後順延飛機跑道訊號緩慢上升，途中雖出現回檔，但基本上都在訊號之上，且回檔受到支撐，每一次上漲都可以作為新的買點，直至方向發生轉變。

事實證明，圖 6-7 該股股價運行並沒有辜負投資人，不斷向上推進。其間成交量與價格成背離走勢，不過這可以確定是主力高控盤的緣故，因為持股訊號並沒有消失。此時，只要按照買入訊號給的提示操作即可，未來價格會漲到哪裡，對穩健交易者而言並不是考慮的重點，順延趨勢運行的方向操作，才是核心。

假如有一天股價打破常規轉而向下，在跌破頂部整理平台或持股訊號消失，那便是最後離場時機。圖 6-7 中，頂部賣出訊號標示於 2017 年 1 月 5 日以開盤價 41.31 元的價格跌破平台支撐，就已經說明下跌動能開始增強，盤中尋找高點賣出是戰略上的選擇，不可馬虎。

第12堂課

# 破解主力拉升後的出貨手法

　　多少年來，人們都努力尋找完美賣出股票的方法。然而，因為條件、能力的受限難以做到完美，通常都是賣出以後股價繼續上漲，而遲疑過後股價便會下跌，困擾內心的往往是糾結不清的高點。

　　把股票賣在頂部並不是一件難做到的事情。市場中每位投資人都充當著一個角色，根據市場運行方向、漲跌速率、交易景象的不同，有搭台唱戲的主角，也有來湊熱鬧的看客，還有就是站在外面一個勁嚷嚷的股評家。總之，七嘴八舌、說東說西的一堆，就連門外漢也想擠進來當個參謀。

　　高點是相對的，而並非絕對的，首先要在觀念上有所認識，再到現實交易中取得成功。股市中，不求每筆交易都能成功，但求操作順順利利。股票交易是一項長跑運動，更是一份事業，能夠為事業拚搏到底的，才是真正贏家。

　　然而，為了尋求短期名利上的刺激，人們絞盡腦汁想在股市中博得彩頭的想法，時常起於心底，能夠博名的不外乎就是買在最低賣在最高，用一張歷史的交割單來證明自己的高明之處。

　　事實上，都是心知肚明存有疑惑，真正的高手怎能拘泥於這些小節呢？如果僅憑這小小的一兩次的勝利，就能夠在長期發展的資本市場中生存下去的話，那這個市場一定沒有失敗者的位置，而會「大佬」雲集。本節將經由以下兩點，來揭示真正成功的股票投資人們，是如何將籌碼在相對高位兌現的。

## 6.2.1　K 線形態的出貨特徵

最簡單的往往是最有效的。從投機角度分析，K 線形態是最能吸引人眼球的東西。也正是因為這一點，投資人經由價格漲跌變化來做文章，可把股票賣在相對的高位。

就像之前談到的，頂部不是一個追求固定價位的產物，而是根據多空買賣力量自然形成的某個區域。即便是在流通性較好的股票市場，當手中籌碼聚集到一定數量後，也很難在最短的時間內完成出貨，弱勢市場會更加不易。因此，出貨就會提前操作，如圖 6-8 所示。

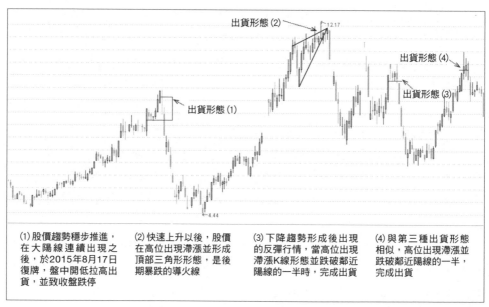

| (1) 股價趨勢穩步推進，在大陽線連續出現之後，於 2015 年 8 月 17 日復牌，盤中開低拉高出貨，並致收盤跌停 | (2) 快速上升以後，股價在高位出現滯漲並形成頂部三角形態，是後期暴跌的導火線 | (3) 下降趨勢形成後出現的反彈行情，當高位出現滯漲 K 線形態並跌破鄰近陽線的一半時，完成出貨 | (4) 與第三種出貨形態相似，高位出現滯漲並跌破鄰近陽線的一半，完成出貨 |

▲ 圖 6-8　勁勝精密（300083）日線走勢

**主力出貨時會採用多種手段，或是拉高，或是形態演變，或是 K 線誘導，總之目的只有一個，那就是出貨。** 參照圖 6-8 的階段性走勢，可發現各階段的出貨手法各有不同，具體可參閱以下 4 點。

(1) 2015 年 4 月 2 日以中陽線的形式突破前期高點，形態看好，上升動

能強勁，理論上次日有開高走高的 K 線出現。然而，走勢總在瞬息萬變，特殊情況下不按套路出牌。事實上是，該股在 4 月 3 日選擇以開低的方式向上運行，盤中多次出現逢高出貨，至收盤放出大量。

之後該股停牌，並於 2015 年 8 月 17 日復盤，呈開低走高之勢並在盤中翻紅，但分時圖上顯示開盤後資金流出，結合前期拉高的形態分析，已經有大量籌碼外逃，再加上受股災事件的影響，必然會造成恐慌性賣盤。

⑵ 受指數上漲帶動，股價於 2015 年 9 月 15 日見底回升，並形成一波較強的走勢，在 54 個交易日內完成 156.22% 的漲幅。漲跌循環，當高位出現滯漲以後，就會形成新的下跌，這種走勢遵循自然規律。

與之前頭部的區別是，本次以三角形形態築頂，並在 K 線形態中表現出影線大於實體的走勢。兩者結合分析，已經有較明顯的出貨跡象，只要稍加注意就會被發現。因此，之後的下跌不僅僅是熔斷（2016 年 1 月 1 日至 1月 8 日，滬深交易所以滬深 300 指數為基準指數，採用 5% 和 7% 兩檔閾值）的原因，事實上在下降之前就有大量的籌碼出逃，即使沒有熔斷也一樣會下跌。

⑶ 下降趨勢形成以後出現的反彈行情，當在高位出現滯漲 K 線形態，並跌破鄰近陽線一半的時候，就會完成出貨。其原因是套牢盤得到解放，股價異常波動，勢必會引起參與者的警覺，一旦上升無力就會出現下跌。因此，連續大陽線之後不能在短時間內重返升勢，結果就會集體賣出。

時至今日，散戶不再好騙。當遭遇下跌，參與者就會考慮賣出股票。對於這一點主力也很清楚，所以，並不會等到大跌時才出貨。

⑷ 與前者相似，高位出現滯漲並跌破鄰近陽線的一半，完成出貨。走勢上運行激進，快速下跌以後經過短暫整理，便走出一波較為不錯的行情，K 線上表現出強勁勢頭且創出新高。

任何超出常規的運行都會遭到質疑，尤其是在遇上升阻力或某個高點突破後，向下回檔是常見現象。所以，判斷強弱走勢的標準就放在了鄰近陽線之上。

此外，運行中還有其他表現形式，目前所論述的只是一些常出現的形態。如圖 6-9 所示，說明如下。

出貨形態 (1)：股價長期高位運行，且回檔後收於趨勢之上，走勢表現強勁，大有創出新高之勢。然而，連續三根陽線卻改變了方向，其原因就是出貨。

出貨形態 (2)：多頭動能十足，整理過後有繼續 5 浪的可能，並創出新高在前期高點之上運行。走勢總是超出想像的。高位連續出現陰陽夾雜的 K 線形態也未能保持，即轉而選擇向下。

出貨形態 (3)：過程總是相似的，第一種出貨形態相比，不同的是連續陰陽夾雜的 K 線形態，並沒有在短時間內向上突破，反而是選擇向下並跌破平台。

▲ 圖 6-9　得利斯（002330）日線走勢

由上圖可知，主力在拉高時的出貨形態，或是製造假象形態，或是浪形變化，或是底部形態的二次啟動，但最終都沒有成立，其真正的目的是出貨。

## 6.2.2　圖形形態出貨特徵

　　之前我們對下降、底部整理和上升形態進行過論述，現在重點闡述頂部區域主力出貨手法，前後相互結合使用，便會形成一套完整的操盤術。指數強弱輪迴運轉，個股每逢出貨，在形態上就會製造出一種繼續上升的假象來蒙蔽投資人，只要做多念頭存在，後知後覺者就會被帶入陷阱。

　　事實上也是如此，強勢市場賣出股票無須大費周章，買入者接踵而至，無論價格有多高，只要掛單很快就能成交，且對實盤價格的變化不會產生太大影響，因為它是牛市。

　　但無法保證市場永遠是牛市，當買入意願逐漸偏向賣出意願時，就會出現多空對決的走勢。雖然實質性交易已經失去意義，獲利的難度也所有增加，可是投機者賺錢的欲望絲毫不會降低，因為處於半強勢狀態的市場中，投機氣氛會更加激烈。

　　因此，作為大主力機構要想在相對高位把股票順利賣出，所花費的時間與精力，往往要高於強勢市場中的運作，不可預測的風險性將是首先考慮的，所以利用形態特徵出貨，就是把一顆煙霧彈扔向市場來迷惑對手。當大多數人認為上漲無疑時，主力就會無聲無息地把股票在高位賣出。這種手段的高明之處，在於主力能夠發現普通投機人的心理和市場環境，如圖 6-10 所示。

　　圖 6-10 所處的市場環境為，上證指數 2015 年 7 月 24 日最高點 4184.45 點至 2015 年 8 月 17 日最高 3994.54 點，其間為整理走勢，17 個交易日內累計下跌 3.16%。

　　圖中該股的股價表現為，自 2015 年 7 月 9 日救市資金入場以後開始反彈，至 2015 年 7 月 24 日，12 個交易日內累計漲幅 106.57%。之後便展開整理出貨的假象，從走勢上看要強於指數，且兩者形成背離走勢，個股明顯強於大盤。最引人注目的是，2015 年 7 月 24 日至 2015 年 8 月 17 日，17 個交易日中的表現大有繼續拉升的跡象，強勢整理低點依次抬高，高點不斷創出新高，股價突破整理形態做掩護，因此吸引了大批投資人進入。不幸的是，繼續創新高的幻想，在短短幾日內就破滅了。

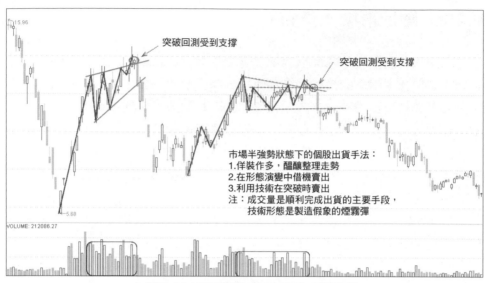

▲ 圖 6-10　晉西車軸（600495）日線走勢

**市場半強勢狀態下的出貨手法，通常都會表現出做多的假象，而成交量是順利完成出貨的重要手段。**

上述已有提示，歷史輪迴的轉變是圖形形態的演變，或在底部，或在頂部出現。過去是，現在還是。這並非因為主力手段高明，而是他們更願意學會專注，把複雜的事情簡單化，簡單的事情重複化。

交易就是交易，一切不可能都皆有可能。因此，在股票操作中尊重現實，遠比幻想未來更重要。走勢瞬息萬變，即便是按照計畫行事，場外的不確定因素也會對交易策略產生影響。如果用一句話來形容的話：「市場就像一個永遠無法讓人放心的絞肉機，一旦放鬆警惕隨時都有可能被絞進去。」這種現象一直存在，只要參與其中就擺脫不掉。

死板的交易思維與過度相信是最要不得的，我們可以把這一現象理解為交易精神層面的傀儡，與實際走勢經常產生矛盾，並影響創投思維潛能的挖掘。

舉個例子，若按照看好思維判斷的想法買入某檔股票，然而，買入以後的真實走勢卻剛好相反。如果時間短暫還可以接受，假如時間持續較長並圍

繞在買入價格區域來回波動，必然會造成心理上的障礙。此時有一種現象往往會出現，那就是在持有與賣出之間糾結。

切記，下降趨勢中，交易的決定必須果斷。如果在開始糾結時就賣出，那將是最好的選擇。因為實戰經歷告訴我，不管有多少個理由持有，它都不會有很好的結果。

如圖 6-11 所示，上海普天（600680）的股價於 2015 年 11 月 16 日至 2015 年 12 月 29 日為整理走勢，這與指數形成相反的走勢。指數震盪上漲並創出新高，而該股是以震盪下行的方式在運行，主力顯然是嗅出了什麼味道，在突破前期高點後快速出貨。

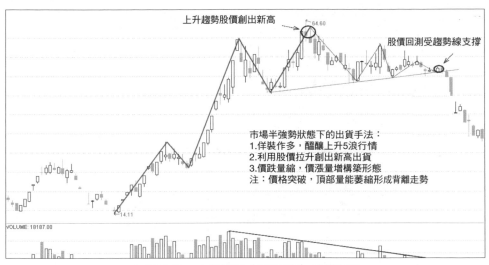

▲ 圖 6-11　上海普天（600680）日線走勢

上圖中，上海普天所對應的市場環境和股價表現，可簡述如下。

（1）市場環境：上證指數 2015 年 9 月 8 日開盤 3054.44 點，至 2015 年 11 月 16 日最高 3673.76 點，其間為緩慢上升走勢，45 個交易日累計漲幅 17.09%。

（2）個股表現：自 2015 年 9 月 8 日反彈開始到 2015 年 11 月 16 日，45 個交易日累計漲幅 308.92%，隨後在創出新高後回落。技術上，成交量與價

格出現頂部背離走勢，顯示上升意願減弱轉而向下。從投機角度分析，該股已經失去購買的價值。這時只要有散客接盤，主力會毫不猶豫地賣出手中籌碼，直至出貨完成。

**市場半強勢狀態下的出貨手法為，主力在順延浪形變化中引導買入，並構築假象底部形態，一旦趨勢破位，形態完成便出貨完成。**

如果你認為整理之後還有機會，就如圖 6-11 中所表示的位置，股價回測受趨勢線支撐，並在低點依次抬高後出現陽線，看似機會實則風險。假如破位後不能及時停損，仍執行當初買入的想法，那結果只會越來越糟糕。虧損就是這樣一步步形成的。

所以，請時刻保持頭腦清醒，無論你的交易水準到了怎樣爐火純青的地步，當局勢發生轉變時，唯一能做的就是接受現實，並快速撤離，享受無股便輕鬆的美好時光。

## 6.2.3　利用消息的出貨特徵

這是一種並不光彩的出貨手段，然而，在市場中它又經常發生。每當出貨之時，總會對外發佈一些有關利多的事蹟，來吸引場外投資人，理由一定是可以說服你的。

如圖 6-12 所示，三夫戶外（002780）於 2016 年 7 月 15 日晚間在互聯網上公佈一則消息，大致內容是該股被私募基金調研 107 次，排名第一。這條消息好似在說該股非常受資金青睞，但實際的股價走勢又是怎樣呢？**消息發佈後股價開始拉高，並在盤中完成出貨。然而，當投資人買入以後，股價就會連連下跌。**

當所有消息都聚焦在一起的時候，三夫戶外也不負眾望，次日開高震盪，盤中甚是活躍，並於第三日漲停。走勢上幾乎看不出有什麼太大的變化，依然在趨勢線之上運行。只是在模型系統中，漲停之後主力資金開始預警。顯然是在拉高出貨，現實價格已經證明了這一點。

再者，同一天被發佈出來消息的還有海順新材，排名第四，被調研 36 次。走勢上運行完好，量能配合有序。然而就在消息發佈第三日主力資金訊

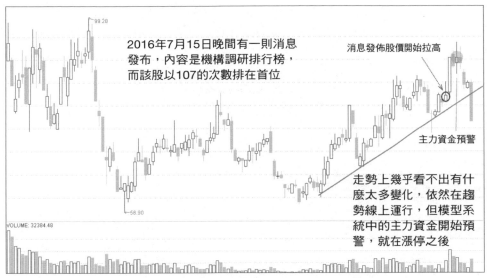

2016年7月15日晚間有一則消息
發布，內容是機構調研排行榜，
而該股以107的次數排在首位

消息發佈股價開始拉高

主力資金預警

走勢上幾乎看不出有什
麼太多變化，依然在趨
勢線上運行，但模型系
統中的主力資金開始預
警，就在漲停之後

VOLUME: 32384.48

99.28

56.90

▲ 圖 6-12　三夫戶外（002780）日線走勢

號（MFI 資金流向參數特製指標）開始預警，盤中顯示資金流出，隨後，次
日股價出現開低走低之勢，如圖 6-13 所示。

　　除了大底或大頂形成的過程會有明顯的特徵外，中短期資金的流向通常
不被投資人發現，尤其是在半強勢市場狀態中，市場的看漲意願相對濃厚，
指數在某個上升之後開始整理，而個股的表現都很積極。因此，在賺錢效應
還沒有完全降溫時出貨，是最好的時機。一旦市場走壞或出現大跌，大主力
資金就會受到限制。處於半強勢和弱勢市場的賣出手段，通常是借助外力來
完成的。

　　那麼，上升市場的利與弊到底是什麼呢？毫無疑問，上升市場賺錢要比
整理和下降市場容易得多，但是，當行情進入尾聲時，隨之而來的風險也在
不斷加大。要知道，瘋狂之後所要面對是頂部成立，股價連續性的下跌，對
個人資產和心理造成的影響實在是太大了。

　　隨著股價持續上升，資金要合理配置。倒金字塔的建倉模式，即使是艱
辛積累起來的財富，一旦出現快速下跌就會滿盤皆輸。因此，要懂得如何避
險，才能在股市中生存得久遠。

消息發佈，股價探底回升

148.98

2016年7月15日晚間有一則消息
發佈，內容是機構調研排行榜，
而該股排名第4，調研36次

主力資金預警

65.38

VOLUME: 26209.78

走勢上趨勢運行完好，量能配合有
序，然而，就在消息發佈第三日，
主力資金訊號開始預警，盤中顯示
資金流出，次日股價開低走低

▲ 圖 6-13　海順新材（300501）日線走勢

# 自我測驗

　　經由本章的學習，投資者應能回答下列問題。

1. 上升趨勢中怎麼找到正在逐級走強的個股，並在關鍵點買入？其間投資者需
要做些什麼？

2. 如何把一檔股票從底部，經歷上升中繼，最後到頂部完整地操作下來？買入
和持股的依據是什麼？

3. 賣出股票時需要做出怎樣的判斷？股價運動規律是什麼？單純執行規則就可
行嗎？

4. 主力拉升後，誘騙散戶接盤的技倆如何識破？若想達到這個水準，需要交易
者平時付出怎樣的努力？

# 1 分鐘重點複習

- **瞭解**：上升趨勢進入末端時的交投氣氛。無論場外散佈什麼樣的消息，只要與實際價格背道而馳，結果都不會太好。若頂部成立，利多消息也會變成利空，借機套現的人紛紛湧入；相反地，若趨勢處於中繼上升階段，利空也是利多，看多者不斷湧入市場，股價回檔後很快便會拉起。
- **理解**：趨勢形成後順延方向操作的原因。繁瑣的分析方法是用來做學術研究的，而真正的交易策略卻是大道至簡，平時一些簡單的方法，在操作中也能有四兩撥千斤的效果，前提是把它們用對地方。
- **掌握**：股價運動規律，在合適的時間採用合適的方法。市場環境不同，研判思路和方法也會隨之改變，但目的都是為了更好操作，若投資策略一成不變，則會在變幻的市場面臨極大風險。因此，必須至少掌握 3 種主力出貨方法，在關鍵時刻可以做到自保。

Part **7**

避險、獲利如何取捨？
高手的規則是
「借勢、抓龍頭」！

市場已經進入變革時代，獲取資訊的速度加快之下，操盤思維必須更加靈活機動。也許在你還對著電腦螢幕思考某檔股票會漲到哪裡時，主力卻已經開始出貨。系統性風險與個股基本面變化的消息，早已經被納入策略，散戶如果能把本章的核心掌握，便可在機會與風險出現時做出準確決定。

　　本章將重點闡述借勢、取利、抓龍頭股的方法，並經由跟隨主力操盤規則，將盤面動態的觀察要點、資金流向結合實盤做出分析。

第13堂課

# 不踩雷還能穩定獲利的
# 規則是……

持續獲利是所有投資人夢寐以求，並願意付出一生所追求的目標。無論在怎樣的市場環境下，達成此一目標都是最重要的。假如經由實踐已經形成一套符合自我個性的交易系統，而且在操作中證實了它的價值，就基本上符合了持續獲利的基礎條件。

那麼，怎樣達到持續穩定獲利的水準？當然，這絕不是一般投資人可以輕易做到的事情。在此之前，需要掌握上述章節內容要點並嚴格執行各項規則，接下來要做的事情，就是本章的內容。

## 7.1.1　借勢、取利、抓龍頭股

### 1. 借勢

借勢是股票分析中非常重要的依據，任何成功交易都應有它的存在，否則，就是僥倖獲勝！那麼如何借勢、勢從何來呢？所謂「勢」指的就是大盤，是股票市場整體的運動形式。不可否認，大環境看好時操作起來很輕鬆，也很容易獲得收益。但遇到大環境不好的時候，即使比平時付出一倍甚至幾倍的努力，有時候可能還徒勞無功。為此，必須學會借勢，抓住指數上漲的勢頭，才能讓交易變得水到渠成。

### 2. 取利

利是最終結果，如何取利則是過程，怎樣走好這個過程將是一種藝術。

就股票操作而言，取利有以下兩個對象。

(1) 波段交易，持股時間 1 至 3 個月。這個時間段從投機的角度來評估，應該是最合理的。時間太長的話，多數人都不會有這個耐心，而且股價真正打開升勢的時間也就這麼長。當然，這純粹是指那些金融從業者和以股票投機為生的同行，業餘愛好者還要根據自身情況判斷。

(2) 短線交易，持股時間小於 5 天，重點買入短線暴漲股。這麼做的挑戰很大，操作得當每天都有進帳。如果條件允許，人們都不排斥這樣的做法。

### 3. 抓龍頭股

任何板塊啟動都有龍頭引領是必然，因此，炒股就要炒龍頭。那麼，什麼是龍頭？它只是一個概念，具體要根據實盤走勢決定，如板塊漲跌幅排名中的前幾名，對應板塊裡面就會有一支非常強勢的個股。也許當你發現時已經漲停，但這只是一個開始，因為能夠成為熱點或是大牛市中的主流，就不會只有一個漲停。

對此，讓自己養成一個追隨龍頭個股的習慣。交易時間內緊盯市場熱點，行情啟動或進入強勢狀態板塊持續佔決定因素。相反地，行情結束時它們也會發出訊號，這時投資人可利用資金工具提前離場。

## 7.1.2　具體的操作策略

### 1. 借勢的智慧

可以說，沒有勢就沒有利，沒有利就沒有勢。勢，就是力量，就是走勢。積蓄起來的力量為勢，找到走向的道理也是勢。正如古人所說：「理有所至，勢所必然。」

那麼，股票市場的勢從何而來？具體可分為三個階段。它們是一種人性情緒的指標，每個階段都不一樣，具體實例如圖 7-1 所示。

(1) 勢的初始形成階段：這個時候並不是最好的獲利時機。市場情緒指標 BRAR 會告訴你，股價在此期間的表現是反覆震盪，而且震幅有限。當

一個風險逐漸變成機會的時候，爭奪者無數。因此，它是機會的朦朧期而非創造期。所以，這個階段交易者的情緒是不穩定的，不可能形成真正的勢。

(2) 勢的中繼運行階段：這個階段交戰雙方勝負已分，多頭佔主動地位，上漲空間已經打開，原先的猶豫不決和看空者也轉過身來積極參與。看空者在利益的誘惑下，不得不放下架子，他們也許內心並不能完全接受，但在走勢背後可以創造更多利益的前提下，順勢操作成了他們的交易工具。

(3) 尾部轉勢階段：當供求關係發生變化，走勢就會出現滯漲。這不由某個個體決定，整體而言，這個階段是供大於求，多數人對未來上漲空間產生疑惑就會尋求自保，入袋為安將成為一種現象。這個時候你能看到的是價格在高位盤而不漲、用時間換取空間的過程，假如趨勢破位或是遇到系統性風險發生變化時，就會即刻向下。

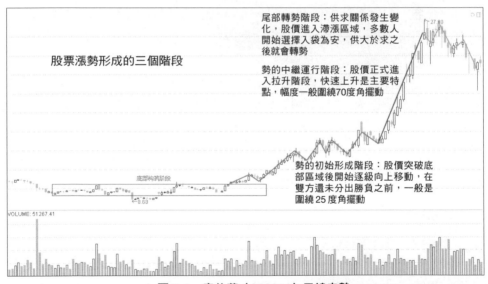

▲ 圖 7-1　奧佳華（002614）日線走勢

如上圖所示，股票漲勢形成的三個階段，都是各投資人情緒的反應：穩健、急躁、瘋狂和恐懼等情緒，隨著走勢表現出來。

　　對此，參與者應該採取怎樣的手段，才能獲得更大的收益？勢的初始形成階段，股價反覆波動而且沒有規律，雖有上漲但走勢會圍繞在 25 度角擺動。此時若大資金入場，則會對觀望投資人的心態損傷很大，因為觀望者還無法做到精確判斷，股價就進入快速拉升階段。這時，多空交織仍是對信念堅定者的阻擾，所以正確的佈局，倉位應該控制在 30% 以內，剩下的籌碼等待局勢明朗再次增持。

　　那麼，增持的依據是什麼？一般情況下，股價完成勢的初始階段上升幅度在 30% 左右，通常不高於 50% 就會出現整理。但整理的範圍基本上都在自底部區域突破後的 1/2 之上運行。此時，主力會反覆清洗浮動籌碼，若走勢強勁整理低點會依次抬高，如圖 7-1 所示。這樣一來對後期漲勢就有引導作用，整理結束就會進入快速拉升階段。因此，需要注意以下兩點。

　　(1) 不管是弱勢整理（自底部區域突破後的 1/2）還是強勢整理，它們只是判斷股價未來上漲的一個訊號，有這種可能，但不絕對。

　　(2) 訊號的出現是唯一的確立標準。股價突破平台高點，宣告整理結束，此時便是二次增倉的最好時機。

　　大部分投資人絕不會等股價已經加速上漲一段時間以後，才考慮該不該增倉及該增倉多少，而是在訊號出現時就完成這項工作，並把倉位增持到 70%。請記住：之所以增倉是對未來股價走勢的肯定，增持倉位大於初始倉位才會獲得更大收益，否則，增倉便失去意義。

　　需要注意的是，按照規則交易，股價一波上漲過後，會在高位表現出滯漲態勢，這便是出場的時機。那麼，有沒有準確的賣出訊號呢？這一點因人而異，比如，有些人的賣出規則是，股價連續出現 3 天未創新高便會離場。

## 2. 取利的方法

　　利從何來？利從勢來。這是永遠不變的真理。股票操作借勢取利已經成為一種手段，那麼，具體應該怎樣來執行？可以借助以下三點。

　　(1) 趨勢形成後：股價沿上升方向擺動，在走勢中會出現向下回落或者是橫盤區間運動。這都屬於正常現象。而操作的原則，是借助整理中形成的低點在支撐區買入，這裡提供以下兩個訊號。

　　① 股價沿上升方向運行，回檔後受到支撐就可以逢低入場（支撐可以是 20 日均線，也可以是趨勢線）。

　　② 股價回檔受到支撐後重新上漲時進入，與前一個訊號相比價格可能會高，但它很適合穩健者操作，入場之後就會上漲。不過要牢記一點，指數上漲階段運用，遠比指數下跌階段使用效果要好，如圖 7-2 所示。

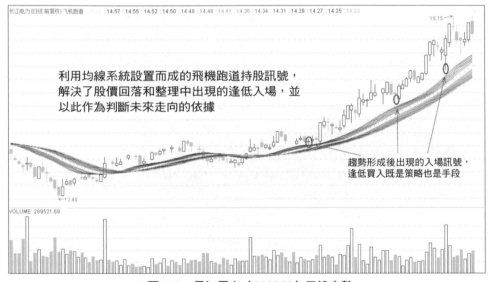

利用均線系統設置而成的飛機跑道持股訊號，解決了股價回落和整理中出現的逢低入場，並以此作為判斷未來走向的依據

趨勢形成後出現的入場訊號，逢低買入既是策略也是手段

▲ 圖 7-2　長江電力（600900）日線走勢

　　(2) 整理後的突破：上升趨勢中出現的整理，或是強勢，或是弱勢，結束後還會朝原趨勢方向運行。突破指的是股價完成整理，重新進入升勢的啟動點，通常也是爆發性最強的關鍵點，被場內投資人稱作是主升段的開始，如圖 7-3 所示。

　　上升趨勢確立後，股價沿彩帶訊號持續運行，其間出現回檔，至彩帶訊號處受到支撐重返升勢，是啟動訊號。而向上突破整理平台是加速上漲的開始，因此，可以判定此時市場格局進入瘋狂階段。

　　(3) 整理中的操作策略：關於交易規則，本書第 3 章已針對整理走勢中的低買高賣的買賣點作講解，也就是說只要出現整理，無論是在怎樣的環境

下都可以操作。當然，在上升趨勢中參與的意義更大。這時利用持股訊號做方向指引，再結合整理軌道中的價格波動進行低買高賣，直到整理結束，價格重新上漲。

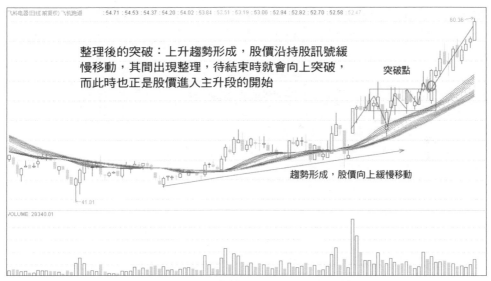

整理後的突破：上升趨勢形成，股價沿持股訊號緩慢移動，其間出現整理，待結束時就會向上突破，而此時也正是股價進入主升段的開始

突破點

趨勢形成，股價向上緩慢移動

▲ 圖 7-3　飛科電器（603868）日線走勢

## 3. 抓龍頭股的策略

　　龍頭是一個概念，抓龍頭至今仍未有軟體可以代替，因為龍頭不固定，交易者只能根據經驗來完成。所以，需要掌握以下三點。

　　(1) 順勢選股：指數回檔結束並形成升勢，熱點板塊勝出表現積極，成為場內外資金關注的重點。此時，需要一個驗證，把消息和板塊實際走勢做對照分析，如果消息和走勢都保持一個方向，那持續性會更長久，選擇板塊中的強勢股參與即可。

　　(2) 強者恆強：俗話說「板塊強個股強，個股強板塊就強」。抓龍頭股很重要的一個環節，就是尋找強勢板塊中的強勢個股做投機標的，因為只有它才可以讓你快速獲利。那麼，該怎樣找到呢？牢記一件事，任何一個板塊走強，其中都會有一支非常強勢的個股來引導，例如釀酒＋零食＋基金重倉

＋製造業的貴州茅台＝龍頭。雖然價格已經高得離譜，但你不得不承認它確實是一支強勢股。所以，簡單的選擇辦法，就是尋找熱點板塊中最強勢的那支個股，如果板塊啟動，未來它一定會成為「領頭羊」。

(3) 果斷參與：一波上升行情展開時間是有限的，如果不能參與到龍頭股，則雖有獲利但幅度都很有限。熱點出現時，板塊中的個股走勢不可能都很強，因此必須抓住時機，果斷參與最強勢的那一支。

第14堂課

# 跟隨主力資金的操盤規則「卡穩當」啊！

有時，一檔股票即使在技術上幾乎滿足所有買入條件，但短期內也不見得會漲。這到底是什麼原因呢？實盤經驗告訴我們，因為主力資金還沒有進場，否則就不可能發生這樣的事情。因此，技術判斷只是訊號的提示，說明該股短期有上漲的可能，但不是絕對。

## 7.2.1　觀察盤面動態

盤面動態能夠反映資金進場產生影響的規律，比如每逢週五資金流出的原因是周轉頻率。法定假期股票市場休市，如果沒有更好行情做引導，場內空餘資金就會選擇在收盤前離場，將資金用到其他固收類理財產品上，常見的有逆回購、短期債券等。

因此，週一和週五一般都是資金進出比較頻繁的時候。當然，這也是研判市場未來走勢方向的一個動態指標。假如這種規律被打破，那市場一定是進入強勢狀態，固收類產品的獲利已經不能滿足投資人的胃口，資金持續流入就會推動股價上漲。

其次，熱點切換速度快，投機氣氛是比較突出的一個特點，尤其是在指數處於整理結束階段。投資人的情緒會在盤面上表現出來，有時你會看到價格走勢窄幅運動，有時放量拉升。如果熱點具有可持續性，則會是一波行情的開始。

那麼，遇到這種情況應該怎樣操作？我們要看板塊是否有資金流入的條

件，比如新股和週期性行業。因此，戰略上它們根本不缺少機會，只要把握好節奏，就可以獲得可觀的收益，但若主題投資退潮，那就要提高警覺。

最後，是盤中大資金的異動，這種情況一般會出現在股價下跌，特別是在向下賣出的時候。股價快速下跌，會出現大資金迅速吸貨，且吸貨時間較長。此時，需要觀察的便是其他同類走勢個股，或同板塊個股的資金入場情況，若都出現這種情況，就說明這些股票已經被遊資盯上，很快就會出現拉升，特別是在週五或節日前最後一個交易日的下午。

## 7.2.2　短線行情啟動的 3 個條件

判斷一檔股票是否可以買入，需要滿足以下 3 個條件。

(1) 訊號：技術上股價完成突破，或是趨勢，或是形態，告訴你它即將發生轉變。

(2) 資金：訊號是技術研判的重點，假如訊號發出，多頭資金就會不斷湧入，而且價格上漲速度越快關注度就越高，它們之間是去異求同的關係。

(3) 換手率：股票短期上漲的重要指標，每當一檔股票發出訊號和資金流入，都會用換手率來確定。比如，該股一般情況換手都處在 3%~5%，突然有一天盤中達到 5%~8%，便是啟動訊號。

實盤交易中這套策略屢試不爽，而且狙擊能力非常強，已經成為短線投機不可或缺的技法。假如你想成為一名優秀的投機者，它簡單、能擊中要害，將會成為你最好的幫手。備選池中的任何一檔股票啟動，都會發出同樣的訊號。下面我們經由兩個實盤案例，分析個股在什麼樣的情況下會出現上漲，它的啟動位置在哪裡，特徵又是什麼。

圖 7-4 所示為太空板業（300344）走勢。從走勢分析，該股拉升之前屬於橫向整理，區間震幅都在箱體內運行，而且技術上並未發出入場訊號，所以只能等待。直到 2017 年 5 月 10 日，股價以漲停的方式突破箱體上沿，換手率一度擴大到 38.17%，次日股價開低走高換手率再次達到 36.77%。顯然，主力要有大動作。

那麼，箱體技術上沿剛剛被突破，這裡會形成高點嗎？當然不會，因為

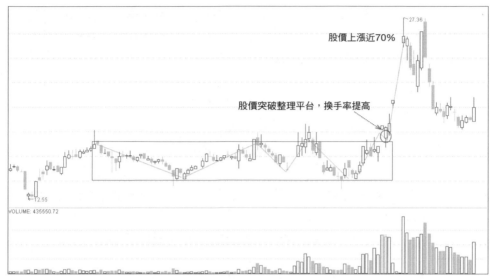

股價上漲近70%

股價突破整理平台，換手率提高

▲ 圖7-4　太空板業（300344）日線走勢

之前已經有過幾次整理經歷，如果繼續維持整理，就不利於短期拉升，而且，在方向選擇的關鍵點換手率瞬間提高，除了拉升還會是什麼呢？

主力煞費苦心把一支走勢極度低迷的個股從泥沼裡拉出來，經過反覆拉升、震倉構築一個具有上漲潛力的箱體，最終目的難道不是更大幅度拉升？此外，從股價運行方向判斷，低點都在依次拉高，成交量也在逐漸放大。這一切都表明它正在朝拉升的方向醞釀。事實證明，該股的實際走勢和我們的預判基本一致，突破後完成回測便快速拉升，其漲幅也達到了箱體技術寬度的2倍。

亮點1：股價拉升之前形成的箱體運動，技術上把這種形態稱之為主力震倉，一旦震倉結束，股價就會快速上漲。因此，研判的重點是價格何時突破箱體上沿，如果順利突破並完成回測，便是入場訊號。

亮點2：成交量的突變，整理期間一直處於地量走勢，結束時成交量突然放大，並與價格形成「價漲量增」的有序配合。對此，投機客就能感受到它的不安分，在箱體上沿即將突破的位置表現出激進的走勢，接下來會是什麼呢？當然不是為了出貨，這個理由也很難說得通。

亮點 3：換手率提高與股價突破形成共振，便會發出啟動訊號。圖 7-4 中，該股股價突破箱體並完成回測，技術形態發出上漲訊號，配合盤中換手率的提高，在任何回測點都可以買入。

**短線股票啟動的特點為，當股價整理結束，正式進入拉升之前基本都具備上述所提及的3個條件，而一般符合條件的個股都會上漲。**

圖 7-4 中，訊號發出後股價開始上漲，而且是連續性上漲，動力越來越強。那麼這種力量來自哪裡？首先是技術形態的引導，拉升之前經歷了一波較長時間的整理，主力在此區域吸收了大量的廉價籌碼。其次是大資金的不斷流入，與之前相比突破箱體時成交量明顯放大。這就暴露了主力的真實意圖：如果不是出貨，那便是拉升。

因此，三個條件同時滿足股票上漲的機率就會增加。此時，有以下幾點需注意。

(1) 股價向上突破，表示整理結束。

(2) 股價向下回測受到箱體上沿支撐，便是訊號。

(3) 股價未來上漲力道由換手率大小決定，突破點換手率越高表示上漲力道越強。

如圖 7-5 所示，瀘天化（000912）的股價在拉升之前，有很長一段時間處於窄幅整理階段，而且成交量極度低迷。也許是價格長期維持在一個平衡走勢中，無法吸引擁有大資金的投資人的原因，導致交投清淡，束縛股價上升。實踐中遇到這種走勢，就要果斷放棄。

那麼，什麼時候才是它真正的啟動點呢？策略上滿足上述三個條件，如圖 7-5 所示，該股股價於 2016 年 9 月 20 日突破整理平台，之後連續 3 日下跌，但價格都在支撐線之上運行，第 4 日收盤封死漲停，發出上漲訊號，如圖中標示處。根據交易策略提示，訊號發出後必會有訊號提示。所以，訊號是投資人入場的唯一標準，次日開高收小陽線，而換手率 7.77% 比之前放大幾倍，符合入場條件。

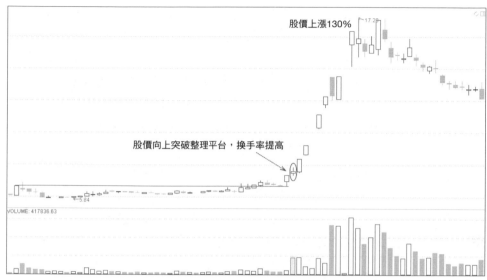

股價上漲130%

股價向上突破整理平台，換手率提高

▲ 圖 7-5　瀘天化（000912）日線走勢

　　由上圖可知，**股價向上突破整理平台並回測確認，即是啟動點，而且突破當日換手率越高未來上漲力道越強。**

　　盤面交易很多情況下是靈活多變的，即便有固定的交易策略，也要根據盤面走勢及時改變思路，太死板不利於機會把握。瞬息萬變的市場前後，就算 1 分鐘價差都會很大，這是人所共知的事情，重要的是能在啟動點相對低的價格入場，就成功了一半。然而，需要注意一點，啟動點換手率不能低於 8%，否則後期上漲動力會減弱。

　　關於換手率問題這裡做個小小的補充，假如一檔股票平時換手率就很高，維持在 10% 左右，表示交投比較活躍，或是股本太小，那異動時的換手率就要高於 15% 以上。如果個股走勢是在底部階段，則要求換手率越高越好。

　　亮點 1：股價長時間在底部區域橫盤，其目的就是要把散戶的耐心磨掉，以便收集到更多廉價籌碼。實踐中，參與在裡面的投資人大多數都會被洗出來，因為你根本耗不起這個時間。散戶入場的目的，是在前方比較明朗的情況下賺取價差，而窄幅運動是一種橫盤趨勢，沒有準確的突破時間，只

有等它突破並回測確認，才能確定何時整理結束，除此之外，只能耐心等待，所以缺少耐心的投機客，多數都會選擇放棄。

亮點 2：成交量極度萎縮，長時間處於地量低價運行走勢。這在技術分析中不難判斷，出現這種形態將來上漲只是時間問題。投資人可以把它放入自己的股票備選池，等待整理結束。如果讀者現在已經完全理解書中操盤內容，此時看到這種走勢，便會洋溢出喜悅的笑容，因為只要上漲訊號發出就是入場的很好機會。

亮點 3：換手率是驗證股價啟動的訊號。這一點我們已經多次提到。它和成交量的不同之處，在於成交量的真實性通常會遭到專業人士的質疑，因為表現出來的可能有一部分是虛擬成交，而換手率則是買賣雙方的真實表現。因此，換手率是研判股價啟動點，和預測未來上漲動能強勁與否的重要指標。

## 自我測驗

　　經由學習本章內容，讀者應能回答下列問題。
1. 準確識別時間和空間的到來，做到持續穩定獲利，並且跟隨主力資金操盤的要點是什麼？
2. 鎖定借勢、取利和抓龍頭股操作主線的目的是什麼？ BRAR 市場情緒指標反映出的盤面情況是怎樣的？
3. 是否已經掌握借勢、取利、抓龍頭股的具體實施辦法，和理解文中所闡述的內容？
4. 短線行情啟動的 三個條件出現時，投資人需注意的事項有哪些？

# 1 分鐘重點複習

- **瞭解**：完成持續穩定獲利的基礎條件。雖然已經將借勢、取利、抓龍頭股的方法，結合 BRAR 市場情緒指標做了論述，但有一部分是無法用語言非常清楚地描述出來的，需要交易者在實戰中累積經驗。

- **理解**：順勢選股的用意。進行實盤交易時，提倡的是用簡單的方法戰勝複雜的市場。股價上漲是投資人唯一可以獲利的途徑，順勢就是借勢，只有形成勢頭，賺錢才會更容易。而新入股市者不僅可以經由借勢彌補自身不足，還可以在股價上漲形成勢頭時分一杯羹，這便是取利的方法。

- **掌握**：借勢取利的核心要點。能夠讓投資人達到快速獲利目的的，是抓龍頭股策略，特別是在市場逐漸走強時更要重點使用。

# Part 8

上班沒時間嗎？
3 步驟設定好，
不看盤也能抓到暴漲股！

本章內容融合了知識、技巧和規則的實盤記錄，從市場定位、精選個股到怎樣找準起漲點，都做了詳細講解。

　　就現代股票市場來看，精準研判股價起漲點成功與否，是整體收益好壞的重要因素，根本原因是投資格局和投資理念的轉變。一名優秀的股票操盤手，應該具備各種環境下都能交易自如的能力。

第15堂課

# 用我的實戰經驗，
# 教你成功狙擊暴漲股

　　股票交易必須面對和掌握的技巧，已成為股票市場中的重要獲利手段。之所以給它如此高的榮譽，是因為市場本質已經發生較大變化，而它卻能迎難而上並取得優異戰績。

　　那麼，股票市場獲利的難點在哪裡，應該怎樣解決？不可否認的是，指數進入上升軌道的獲利機會，要大於整理和下降走勢，這一點投資人感同身受。然而，跌多漲少的價格運動規律，也是人們不得不面對的事實。

　　基於以上市場特點，投資人買入短線暴漲股應掌握以下重點。

## 8.1.1　第一步：研判市場定位

　　指數運行方向是交易者使用規則的指南針，任何個股股價的運行趨勢，多少都會受到指數的影響。投資人需要做的是在指數頂部賣出股票，等待下跌結束，再觀察並找到買點。

　　一波快速下跌之後，再次重回上升軌道必然需要經歷一個漫長的修復過程，而這個過程就是在底部反覆運動。因此，怎樣構築底部和底部形態的演變，都需要提前做出預判，唯有如此才能抓準節奏並從中取利。

　　對上證指數走勢做出的分析，如圖 8-1 所示，可以說是把未來每一步走勢都提前繪製出來了，才能在操作中到做心中有數。這並不是馬後炮，而是正確分析後的結果。

　　如果你也想成為一名提前預知市場未來的交易者，就必須掌握本書內

容，並在此基礎上經由實踐，歸納出一套適應自己習性，且穩定持續的獲利操盤系統。

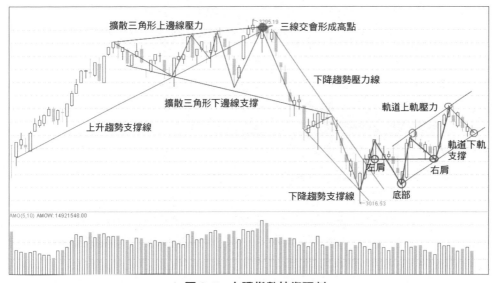

▲ 圖 8-1　上證指數技術研判

　　**根據股價走勢，利用圖形分析的方法將現在和未來做出準確研判，就會得出一個非常清晰的結論。**若想用一張圖看懂指數頂底演變路線，那麼研究的重點在哪裡呢？

## 1. 如何研判頂部

　　就圖 8-1 而言，指數從上升趨勢轉變成高位震盪，上升動力明顯減弱，從三角形上邊線斜率就可以看出。在此期間，與三角形下邊線配合分析，在圖形上就會出現一個喇叭口（又稱擴散三角形）。

　　這種形態在歷史上出現過兩次，分別是 2001 年 6 月 14 日 2245.43 點和 2004 年 4 月 7 日 1783.01 點，之後都經歷了一波快速下跌。本次為第三次，出現在 2017 年 4 月 7 日 3295.19 點。因此，無論是指數還是個股出現擴散三角形都要及時離場，否則後果很嚴重。

　　它的特徵是，指數高點依次創出新高，一般都會以一條緩慢向上傾斜的直線為尺規，上漲受到壓力便會選擇向下。下邊線是股價低點，依次創出新低，不過下跌受到支撐便會選擇向上。形態構築期間越到結束時，波動的空間越大。第 4 高點為形態確認點，是大跌的開始。

## 2. 如何研判底部

　　下跌進入末端，底部形態就會出現，根據股價走勢方向利用圖形繪製方法，便可勾畫出某種底部形態。圖中 8-1 中，演繹的底部特徵如下。

　　(1) 雙底形態：股價自上而下最低至 2017 年 5 月 11 日 3016.53 點，之後開始反彈，於 2017 年 5 月 17 日最高 3119.58 點受阻回落，向下回測至 2017 年 5 月 24 日最低 3022.30 點後回升，與 3016.53 點結合分析便會構築成一個上升的 W 形底部形態。

　　(2) 股價在上漲中不斷演變，又構築成另一個新的頭肩底底部形態，以 2017 年 5 月 24 日 3022.30 低點為核心，左右形成兩肩，股價突破頸線開始上漲。

　　(3) 底部形態完成，指數正式進入上升軌道，用一條直線把 3022.30 點實體 K 線和另一個次低點（2017 年 6 月 6 日最低 3078.79 點，即圖中右肩標示處）相連，便會形成一條直線。而軌道上軌則是回測後的第一個高點的直線延長，未來股價將圍繞軌道運行。

## 3. 底部修復行情如何產生

　　大跌之後，場內資金蒸發嚴重，多數參與者都深陷被套境地！因此，形成快速反彈走勢的機率很小，底部反覆運動將成為常態。

　　這個期間需要的是修復，把恐慌性賣盤的數量降下來，才能順利進入平穩期。所以，經由底部形態構築來緩解下行壓力，是這個時期的重要策略。

　　股市中常有這麼一種說法「大底大漲，小底小漲」，意思是底部構築時間短，未來上升幅度將很有限。相反地，底部構築時間長，未來上升幅度大，持續時間長。資金流入是對預期走勢樂觀的前提下進行的，若沒有確切的訊號提示，場外資金不敢貿然進入。未來行情能否產生，或大或小由底部

形態構築和時間決定。

## 4. 如何確定底部完成

圖形形態演變是一種多變的走勢，在趨勢未改變以前，任何形態都有可能出現。因此，操作中務必聽從實際走勢的指令，因為假想的未來一旦不成立，就可能遭受大的損失。如圖 8-1 中的頭肩底形態，因底中有底的複雜性，導致反覆運動。這時，前一個形態還未完成，新的底部形態就已開始。如果未能做到精準判斷，那勢必會影響到後期操作。

然而，演變中的頭肩底形態並沒有離開我們的視線，而是正朝著預先規劃好的路線運行。因此，研判底部是否完成，重點在於細心觀察行情，不能只碰運氣，一定要做到精，才能達到事半功倍的效果。

## 5. 方向發生轉變

低點與高點依次抬高，說明價格運行方向已經發生轉變，從原有的底部整理轉為上升，而且，形成雙軌並沿軌道持續運行。技術上把這種走勢稱為上升初級階段，簡而言之，就是較大幅度的上升勢頭還沒有開始，雖然趨勢已經形成，但寬幅震盪還將繼續。

那麼這個時期所採取的交易策略，就是根據指數的運動節奏，進行對強勢股的追蹤和狙擊。請記住：以下兩類股票可以讓你達到快速獲利的目的。

(1) 白馬股，趨勢從緩慢走勢逐漸進入強勢加速階段，如前文所述的神龍擺尾形態。

(2) 追逐市場熱點，技術形態如 N 字形，突破回測受到支撐，重新上漲和連續性大漲的個股，參考對象請見前文的白馬升天形態。

## 8.1.2　第二步：精選個股

股票投機沒有特定對象，只要符合選股條件都是很好的標的。不過，這與投資人有一定的關係。投資人使用的交易系統不盡相同，所以，不能完全按照某個標準來定。比如，有些人是以市場運動節奏來定操作策略，不以個人情緒為操作原則，指數給出怎樣的分析結論，便會使用相對應的策略。

選股也在其中，如上文所述，指數完成頭肩底形態後進入上升軌道，這個時期有兩種走勢類型的個股可以跑贏大盤，它們分別是低點依次抬高的個股（如圖 8-2 所示的東湖高新）和突破箱體的個股（如圖 8-3 所示的華資實業）。趨勢形成，每一次大跌都將是一次入場機會，而且這個時候選出來的股票後期上漲動力都很強，具有抗跌性。

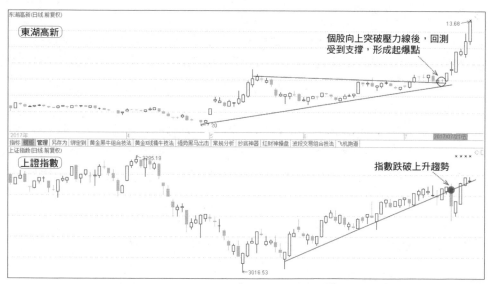

▲ 圖 8-2　東湖高新（600133）與上證指數的對比分析

**當市場出現滯漲並在大跌中釋放風險，便是最好的選股時機。**這時，弱勢股早已面目全非，強勢股則在逆勢上行，它便是你參與的對象。

選股時應始終堅持一個原則，即永遠只做正在上升的強勢股。那麼怎樣

判斷強勢股呢？利用個股與指數走勢進行對照分析，兩相結合下，才能看得更清楚。如圖 8-2 所示，上方顯示東湖高新走勢，下方顯示上證指數，走勢各有不同。東湖高新沿上升趨勢方向運行時，構築了一個三角形形態，屬於中繼上升行情中的整理。

　　股價突破壓力線後，向下回測，至前期高點受到支撐開始上漲。而上證指數的走勢是沿上升趨勢緩慢運行，但與上升初期相比動能明顯減弱，出現滯漲，技術上有回檔要求。

　　上證指數於 2017 年 7 月 17 日大跌，最低 3139.50 點受前期高點支撐後完成震倉，要點是大跌時盤中大資金集中進入「煤飛色舞」（煤炭和有色金屬）板塊，上漲訊號出現。結論是指數大跌釋放風險，而個股整理結束，並完成回測確認，兩者相比得出：二個股強於指數。

　　再者，如圖 8-3 所示，華資實業（600191）突破箱體技術上沿之前，股價呈橫向運動走勢，區間波段，是一種震倉形態。根據橫盤趨勢交易規則，震倉期間可以進行低買高賣，也可以等待突破。那麼，針對該股的操作，可以選擇放棄。原因是，指數已經形成上升趨勢，而它卻在底部橫盤，如果堅

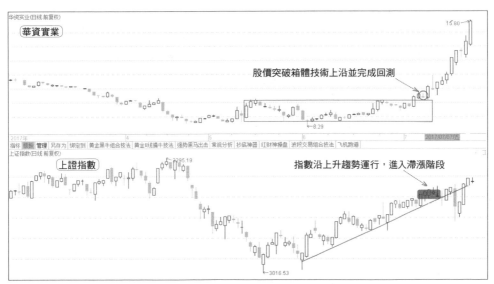

▲ 圖 8-3　華資實業（600191）與上證指數的對比分析

持操作也許就會降低獲利比率，也不符合選強勢股的標準。

但是，後期我們依然參與了這支股票。理由是上證指數出現滯漲，而它卻向上突破箱體技術上沿並完成回測，說明該股主力震倉結束，未來將正式開啟上升模式，這便是入場機會。

把個股與指數進行對比分析，不管指數處在那個階段，都能提前發現強勢股的起漲點。

如圖 8-3 所示，起初個股弱於指數，而待指數進入滯漲階段，個股又強於指數。圖 8-3 的分析結果是對階段選股的一種啟示，即不管指數是在上升初期，還是中繼階段，個股的選擇標準永遠是強勢股。

## 8.1.3 第三步：抓準起漲點

鎖定標的，把時間與空間融合到一起，在股價起漲點進入。主力完成吸籌、震倉需要時間，當震倉時間未能達到拉升條件時仍有整理要求，所以，未來的上升空間有一部分是由整理時間決定的。而判斷起漲點的標準，就是

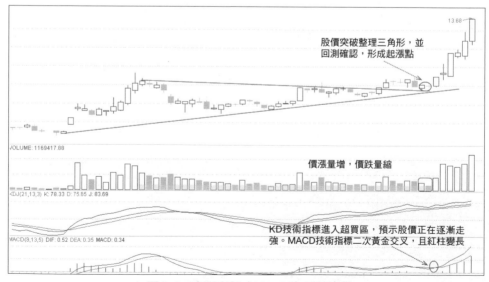

▲ 圖 8-4　東湖高新（600133）日線走勢

股價何時突破壓力區，如圖 8-4 中的圓圈標識處。

　　**如圖所示，股價突破整理三角形上邊線，並完成回測，說明主力震倉已經結束，未來將正式開啟上升模式。**

### 買進短線暴漲股的條件

　　(1) 股價突破技術形態壓力線，並回測確認，表示主力震倉已經結束，未來將正式開啟上升模式。以圖 8-4 的該股為例，股價向上突破三角形上邊線，完成回測，技術上與上升趨勢形成時間交會點，起漲點出現。

　　經由形態預測，未來上升目標分別是：第一目標 14.14 元，第二目標 17.61 元，第三目標 21.08 元。也就是說，該股後期上漲至 21 元附近就可以選擇離場了。若要看得更高，就需要在參考運行期間演繹出的新技術形態。假如沒有，便會在高點出現後展開整理。

　　(2) 成交量變化，價漲量增，價跌量縮，與實際走勢形成有序配合。這是未來股價持續運行的重要尺規。

　　(3) KDJ 技術指標進入超買區，預示股價正在逐漸走強，而且指標運行良好，未出現大的波折。

　　(4) MACD（Moving Average Convergence Divergence）指數平滑移動平均線技術指標出現二次黃金交叉，紅柱變長，說明上漲動能在開始增強。

　　一檔股票經過綜合分析後，若同時滿足這幾個條件就會上漲。那麼，圖 8-5 的華資實業（600191）操作策略也是如此嗎？沒錯，一個成熟的交易系統對任何股票都是一樣，只要滿足入場條件便可實施。

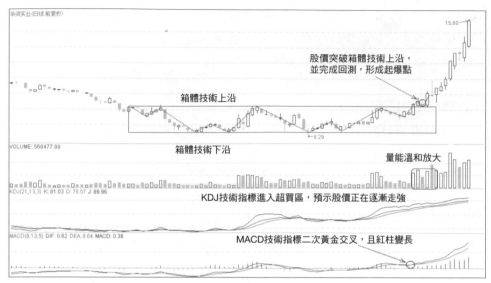

▲ 圖 8-5　華資實業（600191）日線走勢

上圖中，**股價突破箱體技術上沿，並回測確認，是新趨勢的開始。因為突破是在底部出現，所以未來上升空間將會很大。**

成熟的交易系統已經具備很強的個股狙擊能力，因此，無須懷疑它的成功率，不過在此基礎上繼續完善是需要的。觀察行情要精，運用操盤工具也要精，只有做到更好，才有獲利。

圖 8-5 所示，經由實際走勢勾勒出一檔股票從下降、橫盤和上升的演繹過程：根據股價運動情況，進入橫盤趨勢後，以箱體技術的形式展開整理；無論是向上運行，還是向下回測，都在有效的支撐和壓力範圍波動，直至突破箱體技術上沿並回測確認，才改變方向。

圖 8-5 中，華資實業的起漲點產生在股價突破箱體技術上沿，這時已完成回測，說明主力震倉結束，新的上升模式開啟，原因有以下幾點。

（1）箱體技術無論出現在股價底部還是中繼，向上突破後回測確認都表示整理結束，後期將朝右上方繼續運行，因此，突破回測將是起漲點。

（2）成交量方面與之前相比溫和放大。這是買盤量不斷增加的緣故，說

明投資人看多意願強烈。

(3) KDJ 技術指標進入超買區，預示股價正在逐漸走強。

(4) MACD 技術指標二次黃金交叉，且紅柱變長，是上漲動能增強的訊號。無論從那個方面判斷，都已經凝聚成一股爆發性上漲的力量，這便是入場的最佳時機。

可以利用箱體技術預測功能，計算出該股未來股價的上升目標，它們分別是：第一目標 11.85 元，第二目標 13.49 元，第三目標 15.11 元。那麼，上升三個目標完成股價就會下跌嗎？

基本上可以這樣判斷，技術從底部揭竿而起走出一波快速拉升，當上升幅度進入預定範圍將會展開整理，而整理的方式可以是向下，也可以是其他某種技術形態。但大致可以確定，接下來再次上衝的可能已經很小了，而鑒於該股收盤漲停，下一個交易將還有新高，可選擇持有。若不再創出新高或漲停打開，就可以在當日選擇離場了。

第 16 堂課

# 實戰操盤中應注意的事項

　　學習了那麼多，現在也該是總結和融會貫通的時候了。本書從三種走勢，多視角、全方位揭示現在和未來股價波動規律，並在關鍵時刻發現 K 線背後的真相。

　　因此，圖形研究是完成股票交易最直接的途徑，因為無論主力行為多麼縝密，總會露出馬腳，這便是形態分析的經典之處。下面經由市場實際走勢和案例，來進行本書回顧。

## 技術分析的圖形研究

　　對於交易者而言，這是一門必修課，更是通往財富自由之路的光芒大道。本書已經按照操作順序，從股價頂部，到逐漸形成的下降趨勢，再到當走勢進入底部區域時通常會出現的幾種形態，分別對未來反彈高度產生的影響，做了詳細闡述。

　　歷史走勢借鑑可以詮釋人性的變化，不僅是現在，未來一定會出現。是的，不以人的意志為轉移的對象，是群體求生的本能反應，個體只能順應或遵從。對此，怎樣學習和理解價格圖形運動，與交易者悟性有很大關係。

　　從根本上講，投資沒有對錯，當操作失敗後只需買單便是，除此之外，它（市場）不希望聽到任何解釋。而人性思維變化會在圖形走勢中直接表現出來，且是快速的。目前沒有任何指標，能科學地反映出價格波動背後的真實問題。

　　或許你無法相信圖形研究結果的準確性，但只有打破舊思維的桎梏，思

路才會見光明。投資離不開對技術形態的研究，水準越高，感悟就越深。

## 歷史會重演

　　循環定律的意思是曾經發生過的還會發生，或許是現在，或許是未來。只是重演形式有所不同，但很相似。如圖 8-6 所示，上證指數自 2015 年 6 月 12 日形成 5178.19 點高點後反覆出現頂部形態。看到此圖形以後，是不是簡直不敢相信自己的眼睛？

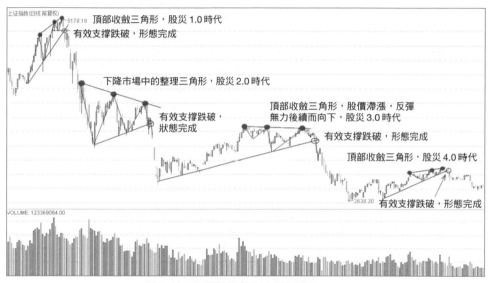

▲ 圖 8-6　上證指數歷史走勢驗證

　　歷史會重演，但不是簡單的重複。曾經發生的，現在正在發生；若現在還沒有發生的，那未來一定會發生。

　　沒有人可以想到，短短兩年內同樣的築頂形態反覆出現。有投資人躲過第一次、第二次、第三次下跌，卻在第四次被套牢。這不是市場惹的禍，而是交易固執惹的禍，與現實走勢相比，多數投資人腦袋裡面總有一絲僥倖。

　　過去的是故事，過不去的是事故。如圖 8-7 所示，雖然指數已經走過 4 個相似頂部形態，在河北雄安板塊的利多刺激下，市場出現了一波短暫的高

潮。之後，利多不斷刺激，先有雄安，後有國際高峰論壇，導致指數連續出現頂部形態，這時可將指數與股價走勢對照分析。因為不相符因素太多，所以投資人更願意知道的是買入股票後能不能上漲，假如不能朝預期方向前行，出現虧損後便會快速停損。

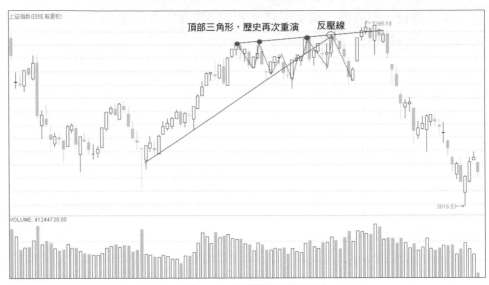

▲ 圖 8-7　上證指數走勢分析

　　因此，盤面上就會看到投機氣氛濃厚，這不利於行情持續，越下跌越恐慌。這種局勢若不能被打破，操作難度會越來越大，無論你尋找怎樣的低點買入，在期望值未達到時不能及時賣出，很快就會進入虧損的行列，且不知下一步將如何操作。被動等待通常是普遍做法，正確的操作應該是當走勢不明確時停止交易。

### 遵守操盤紀律

　　想成為一個成功的投資人，必須嚴格執行交易規則。根據走勢分析，上證指數 2017 年 4 月 7 日最高 3295.19 點，再次受三角形上邊線壓制，當天就出現回落，說明在此區域做多資金已經開始離場。盤面現象顯示，指數維

持高位震盪，除河北雄安概念股有所表現外，其他板塊個股均有跌幅。這種頂部背離出現後，一旦轉變方向，下降便會以迅雷不及掩耳之勢進行。

為此，投資人必須在頂部形態完成時就提前離場，若等下跌開始、個股下降時，恐怕已經很嚴重了。前人走過的路，無須再去驗證，經驗不一定非要用慘痛代價來換取。小心才能駛得萬年船，如果是中途下錯車，那未來還有上車的機會，但若掉下萬丈深淵，又談何機會？

把規則執行到位，你就是贏家。股市裡不缺少懂知識的人，需要的是有一批能夠不折不扣執行規則的人。為什麼團隊交易成功機率要大於個體？根本原因是團隊有一套完整的交易策略，無論是買入還是賣出，指令發出都要嚴格執行，特別是針對風險控制問題，個人主張要服從策略模型。

面對股票下跌，明天永遠只是明天。今天未能順利突破關鍵點，明天也未必可行。形態完成，慣性下降已經開始，徒手接飛刀顯然不是明智之舉。接受現實遠比拿明天做賭注還要實際。實盤中，有多少人倒在了等一等和明天。今日風險不會因為你休息了一晚就消失，如果是那樣的話，就不存在風險因數的不斷擴大。

假如還有明天，首先要確保今天你的操作是正確的，否則，它只能是一個想法，這就是尊重現實。

## 自我測驗

經由本章學習，讀者應能回答下列問題。

1. 怎樣靈活應對各種交易變化？在執行買入暴漲股的同時，需要滿足的條件是什麼？為何要進行組合運用？
2. 把股價運動時間和空間融合在一起形成的共振，便是買進暴漲股的關鍵點，即條件滿足就會快速起航，那麼，該怎樣找到關鍵點？
3. 炒股不能碰運氣，觀察行情一定要精準，否則就很難做出準確決定，那麼，該怎樣觀察行情？

# 1 分鐘重點複習

- **瞭解**：成功的股票操盤手的交易風格。獨立研判市場的思想和精確的交易系統，是戰勝市場的關鍵。投資人應尋找可為交易服務的工具，並根據自己操作習慣制定出一套策略模型，它便是你馳騁股市的戰馬。

- **理解**：炒股不能碰運氣，觀察行情一定要精準。圖形分析是操盤手研究的重點，歷史的相似性，會幫助你在風險和機遇面前做出正確的選擇。

- **掌握**：買進暴漲股的幾個條件和原理。雖然都是傳統技術指標，但在不同走勢階段，所發出的訊息各有相同。它們之間的奧秘在於股價與指標的擺動。兩者不一定是同步運行，也不一定是反向背離，重點是反應出某檔股票的未來運作思維。

NOTE

# 以豐富的實戰經驗，
# 為你開啟新的操盤思維！

　　首先，感謝您的認真閱讀。書中內容圍繞趨勢研判、圖形研究、關鍵點精準把握、未來股價預測和選股這條主線，展示出一套全新的操盤思維模式和完善的交易理念。

　　這套交易理念在實戰中都已經得到證實。您所看到的內容基本為實盤交易後的總結，五大戰法適應於各種市場環境，而大趨勢運行中的三個階段，充分展現了不同走勢階段的操盤思想和技法。

　　其中，為降低讀者閱讀疲勞感，本書把研究技術圖形的技巧用帶有哲學思維和思考的語言描述出來。當然，也並非完全鼓勵讀者接受書中的每一個觀點，但希望本書所提供的方法與技巧，能在未來投資路上有助於打開新的操盤思路。

　　希望讀者在閱讀完本書後能將感受和建議進行回饋，為本書的進一步修訂完善提供幫助。對此，我將不勝感激。

作者／郭浩

NOTE

NOTE

NOTE

NOTE

NOTE

國家圖書館出版品預行編目（CIP）資料

股市小白の第一本技術分析教科書：我用趨勢交易法，三年賺到 2,000 萬！
／郭浩著 -- 新北市：大樂文化有限公司，2022.09
208 面；17×23 公分. --（優渥叢書Money；57）
ISBN 978-626-7148-09-9（平裝）

1.股票投資　2.投資技術　3.投資分析

563.53　　　　　　　　　　　　　　　　　　111010125

MONEY 057

# 股市小白の第一本技術分析教科書
我用趨勢交易法，三年賺到 2,000 萬！

作　　　者／郭浩
封面設計／蕭壽佳
內頁排版／江慧雯
責任編輯／林育如
主　　　編／皮海屏
發行專員／鄭羽希
財務經理／陳碧蘭
發行經理／高世權、呂和儒
總編輯、總經理／蔡連壽
出 版 者／大樂文化有限公司（優渥誌）
　　　　　　地址：220新北市板橋區文化路一段 268 號 18 樓之一
　　　　　　電話：（02）2258-3656
　　　　　　傳真：（02）2258-3660
詢問購書相關資訊請洽：2258-3656
郵政劃撥帳號／50211045　戶名／大樂文化有限公司

香港發行／豐達出版發行有限公司
地址：香港柴灣永泰道 70 號柴灣工業城 2 期 1805 室
電話：852-2172 6513　傳真：852-2172 4355

法律顧問／第一國際法律事務所余淑杏律師
印　　　刷／韋懋實業有限公司

出版日期／2022 年 9 月 5 日
定　　　價／320 元（缺頁或損毀的書，請寄回更換）
ＩＳＢＮ　978-626-7148-09-9